破茧成蝶

创业的核心方法

雅歌◎著

中国铁道出版社有限公司
CHINA RAILWAY PUBLISHING HOUSE CO., LTD.

内 容 简 介

《破茧成蝶——创业的核心方法》一书中作者不但回忆了自己的童年和北大时光，更重要的这是一本创业工具书。作者结合自身的创业历程，从创业者必备素质、需求、利润、人力、营销、法律、理财七个方面详述创业过程中所应掌握的核心方法。希望本书能帮助一个懵懵懂懂的创业新人蜕变成为一个创业高手。如果想避开许许多多创业路上的明枪暗箭，本书是不错的选择。如果想早日实现自己的梦想，本书是必备的创业指导手册。

图书在版编目（CIP）数据

破茧成蝶:创业的核心方法/雅歌著.—北京：中国铁道出版社有限公司，2021.4

ISBN 978-7-113-27693-5

Ⅰ.①破… Ⅱ.①雅… Ⅲ.①创业 Ⅳ.①F241.4

中国版本图书馆CIP数据核字（2020）第273186号

书　　名：破茧成蝶——创业的核心方法
作　　者：雅　歌

策　　划：张潇予　　**编辑部电话：**（010）51873004　　**邮箱：**luckyuzhang@foxmail.com
责任编辑：苏　茜
编辑助理：张秀文
封面设计：宿　萌
责任校对：苗　丹
责任印制：赵星辰

出版发行：中国铁道出版社有限公司（100054，北京市西城区右安门西街8号）
印　　刷：三河市航远印刷有限公司
版　　次：2021年4月第1版　2021年4月第1次印刷
开　　本：700 mm×1 000 mm　1/16　**印张：**17.5　**字数：**242千
书　　号：ISBN 978-7-113-27693-5
定　　价：69.00元

序　1

天道酬勤　心诚则灵

雅歌校友请我为其新书作序，这本书是一位北大毕业之后在幼儿教育领域创业耕耘者的人生感悟。提起笔，我不经意地回顾了自己的从教生涯。从教近三十年，我深深体会到要真正做好传道授业解惑非常不易，千年之前的韩愈意味深长，千年之后执教的我们依旧敬畏前行。

教育是一项平凡而伟大的事业。说其平凡，是因为教育是一个润物细无声的工作，其效果既非立竿见影，也不可能轰轰烈烈，没有哪位教师敢将诺贝尔奖获得者取得的成就归功于自己的教育。说其伟大，是因为教育对于人的影响是终生的，儿时所受到的教育更具有“印刻”效应，对个人品性的养成影响极大。

雅歌自己就是被教育改变命运的典型，跨过人生的沟沟坎坎，一路走到光明。少年时代她与母亲相依为命、生活艰辛，不过聪明好学、勤劳机敏与要强勇敢的性格使得她找到了自救的方法。在父亲不让她继续读高中的情况下，自己通过卖文具、辅导低年级学生的功课，不仅赚到了远远超过学费的收入，更重要的是，比同龄人更早地在社会上得到历练。实践出真知，她上大学之后仍然半工半读，从没有停止过奋斗，也积累了远比同龄人丰富的人生阅历、处事方式和生意哲学。

这样的独特经历，令她对教育产生了非同一般的兴趣和执念，从而引领她走上了创业之路。这本书后半部分有关创业者素质、消费需求洞察、营销策略、运营及人才管理等内容，是雅歌对自己在实践中摸索的总结，与流行的经营秘诀和心灵鸡汤很不一样。目前教人们成功经营企业和人生的书籍，在书店里琳琅满目，但学习和传授方法的人一批批倒下，又一批批接踵而至。

为什么？因为学习和传授方法的人缺少了王阳明先生倡导的“事上练”的耐心、毅力和勇气。很多人讲得头头是道，平时无事不懂，遇事却总是认怂。我从雅歌书中读到的是，拒绝成功学和肤浅的运营管理处方，到社会上去发现别人无法做到、而你却能够想办法做到的事情。

雅歌具有非常好的市场洞察力，也磨炼出坚毅的精神，虽屡败，仍屡战。这些曲折的实践在她书中展现出一个真实的商业社会样本。令人欣慰的是，天道酬勤，心诚则灵，雅歌终于做成了自己喜爱和为之骄傲的幼教事业，还一直保持着勤勉、执着、简单、善良的鲜明个性。她将本书命名为《破茧成蝶》，展现出一种独特的乐观，在润物细无声地弘扬我们这个时代所急需的创业精神和创新精神。

品质总是从幼年开始经潜移默化而形成的。每当人类面临危机，都是那些心怀世界、心底无私、专注专精和敏于行动的人，成为战胜困难甚至灾难的中流砥柱。今后我们仍然要面对这样一个难题，灾难永远无法精准预测却又无法完全避免，战胜灾难关键在于人类是否具备诚实不欺、坚韧不拔、以人为本以及众志成城的品质，这些优良品质的培养均需要从娃娃抓起。

雅歌热爱也热心教育，期待她将自己的成长心得和丰富见识，转化为培养孩子优秀品质的教育指南，让这些孩子长大后，成为对社会而言，平常时靠得住、关键时刻顶得上的优秀人才。这就是教育的伟大力量，也是我对雅歌事业的期待。

张志学

北京大学光华管理学院教授

序　2

创业与禀赋

改革开放40余年，中国发生了翻天覆地的变化，迅速完成了工业化与城市化的进程，这期间诞生了一代又一代的创业者与企业家，不断引领社会与经济的发展。

第一代创业者最早是农民和城市边缘人群中胆子大和能力出众的一批人，从个体户干起，他们成为先富起来的“万元户”。随后，以知识分子为代表的主流人群中“不安分”的一批人下海加入了创业者的队伍，整体提高了创业者的素质，他们创办的联想、万科、娃哈哈等企业至今仍焕发着强大的生命力。当然，我们也不能忽略海尔等企业。

从20世纪90年代初开始，第二代创业者逐步开始了他们的故事，他们通常接受了比较完整的大学教育，通常也都是50万元人民币起家，因为1993年第一次颁布的《中华人民共和国公司法》就规定了有限责任公司的注册资金下限是50万元。阿里巴巴、腾讯是这一代创业企业的杰出代表。

随着2010年中国GDP总量超过日本，成为全球第二大经济体。素质更高、更具国际视野和能力的第三代创业者也开始登上舞台，他们面对的是一个新的、升级的社会经济环境和发展阶段。

创业者的浮沉，企业的发展，背后是经济周期的运转，是社会历史发展的大潮流、大趋势。大部分的企业只能随波逐流，运气好的碰上浪头，企业就能发展得好，甚至“猪也能飞起来”，潮流变了，可能难免就会衰败沉寂。一流的企业家能够审时度势，主动选择时机，顺应趋势，甚至能够及时地转换跑道，穿越周期，保持基业长青。只有极少数的创业者能够开天辟地，创造一个新的行业，引领新的趋势，成为伟大的企业家，成就伟大的企业，为人类社会的发展作出自己的贡献。

“创业艰难百战多”，创业其实是“九死一生”的事情，想要成功，“运气＋努力＋禀赋”三要素缺一不可。首先，也是最重要的，创业成功一般靠运气，而提高运气的唯一办法就是多试几次。其次，努力自不必说，没有创业者是不努力的，也没有人能随随便便成功。“禀赋”可能是不同创业者与企业主要的要素差别，创业者的禀赋首先来自遗传基因，其次来自成长经历，禀赋需要积累，也需要持续的学习与更新。跟人一样，企业从它诞生的那天起，就开始积累自己的禀赋了。创业初期，创业者与企业通常合二为一，但随着企业的发展，个人与企业禀赋的成长往往不一定同步。

周期循环运转，环境发展变化，物竞天择，适者生存，创业者、企业家的更替，企业的诞生、死亡、并购、重组自然在所难免。一方面，企业家要持续学习成长，提升自己的“胸怀、视野和知识结构”，避免成为企业的瓶颈；另一方面也要致力于让企业成为学习型的组织，成为“客户的企业、员工的企业、社会的企业”，让企业形成自己旺盛的生命力，生生不息，繁荣兴旺。

谨以此文为序并与雅歌同学共勉。

刘曙峰

恒生电子股份有限公司联合创始人，总裁

北京大学光华管理学院 EMBA 浙江校友会会长

自　序

桃李春风一杯酒，江湖夜雨十年灯。这就是我眼里的江湖。

我想讲述的并不是武侠故事，而是一段创业经——在商业的世界里，每一个行业自有江湖，每一名创业者便是江湖里带刀行走的侠客。他们缘何带刀？因为他们如履薄冰，需要谨防迭生的意外；因为他们砥砺前行，需要用刀披荆斩棘。而我，亦是创业江湖中的一名侠女子，人称雅歌。

我来自农村，16 岁开始创业，18 岁时便成立了自己的第一家公司，销售过服装、卖过玩具和文具，最终选择深耕幼教行业。我虽然在年少时就独立谋生，开创了自己的事业，但是同样兼顾了自己的学业，先后获得华东师范大学教育管理硕士学位和北京大学工商管理硕士学位。

我所创办的夏月荷花集团，在幼教行业经过 17 年的苦心经营，在江浙沪幼教行业中规模排名第一。目前，总部位于上海的夏月荷花集团，旗下直营 20 家幼儿园，分布在上海、山东以及浙江等地。不久前，我们集团还在英国伦敦开办了首家海外幼儿园。

如今，夏月荷花集团 500 多名员工每年呵护着 5 000 多名学龄前儿童，陪伴他们成长。“知识决定宽度，见识决定高度。”我希望和我的团队一起，在孩子们人生起步的阶段，尽心呵护，尽我们所能地把他们培养为具有国际视野的儿童。

许多年前，我最敬重的人便是教师与医生——教师可以教书育人，传承人类的知识；医生则是救死扶伤，助人于危难之间。而现在在我敬重的人中又多了一类人，那便是企业家。因为他们在创造财富的同时，也推动了各个行业的创新与精进。他们是时代滚滚向前的推动力，而我，非常幸运地做过老师，现在又成为一名兢兢业业、如履薄冰的创业者。

蓦然回首，那些忧郁、黑暗的日子历历在目，多少次波折，令我在财富上损失惨重，又有多少次意外遭遇，令我的内心备受煎熬。

人海阔，无日不风波。许多飘飘摇摇的日子里，我的刀都在我身旁的方寸之间，此刀在手，让我将痛苦击碎，助我将黑暗去除，自此笑往日，言狂放，惜旧日小时光。

我本想深藏此刀，一生仅为我一人所有，毕竟，它夹杂了太多我不愿回想的痛苦记忆，但又想：或许，我所持的这把刀也可以成为他人破除万难，实现人生梦想的工具？

沧海笑，滔滔两岸潮，浮沉随浪记今朝。江山笑，烟雨遥，涛浪淘尽，红尘俗事知多少？我就是幼教江湖上那个独一无二的雅歌。

雅歌

·目　录·

第一章

我的童年没有万花筒

有意义的战斗胜过无意义的生活。

——乔治·史密斯·巴顿

小小少年

我弟弟比我小两岁，我十岁那年他才八岁。我和弟弟在童年时的关系，更像是一对共同受难的战友，会被人欺负，之后也学会了反击与自我保护。

第一件事情发生在一个冬天，恰逢冬至。楼前的石板路早已没了连天碧草，却犹可见横笛霜天，裂石穿空，梅花簌簌落下惊了黄昏雪。

浙江这地方，冬天遇上一场雪本就不易，何况还是一场给大地披上银装的大雪。临近中午，我正在家门口玩雪，却蓦然听到远处传来了喊叫声：

“雅歌快去，你弟弟被人打了！”

我闻言一惊，手里正揉搓的雪球骤然落地，待我定睛一看，喊叫的是村里和我关系很好的一个同学。

她急匆匆地跑到我的身边，不由分说地拉着我就往村里的小操场跑去。我所生长的小山村并不大，急吼吼地跑了二里地，我俩就到了目的地。我那位同学怯怯地抬手一指，只见弟弟和一帮比他大的男生正扭打在一块。

弟弟本来就身形瘦弱，力量身高都弱于对方任何一个人，更何况是被围攻。待我走近时，弟弟已经被他们打倒在地，然而那三个坏小子还连续不停地抬脚冲着弟弟的身体各部位踢去。

看到这一幕，我的血直往上冒，迅速拿起一块砖头冲到那三个人的跟前。

我破口大骂："敢打我的弟弟，我就跟你拼命！"

剩下那个男生见伙伴被击倒，眼里凶光一闪，直接蹿身过来，一拧我的手腕，夺下了我的砖块，然后他开始撕扯我的头发，打我耳光，并不断地用脚踢我。

"打的就是他，我还要将你们姐弟俩一起打！谁让你弟弟抓的鱼从不给我们！"伴随着骂声，无数个拳头落在了我的身上、脸上，"嘭嘭嘭！"的拳声在空旷的操场上不断回响。

年仅十岁的我，被大我许多的男孩子打得毫无还手之力，之后，我突然感到嘴里有咸咸的味道，估计是血流到嘴里了，疼痛感隐隐传来，我的弟弟躺在地上似乎也没缓过劲来。

我顾不了那么多，冲向那个男生把他撞倒在地，然后使出浑身的力气揍他。弟弟看我那么勇敢，仿佛也受到了鼓舞，终于摇摇晃晃站起，冲向了同样刚刚爬起身的另外两个男生，至于我那随行而来的同学，看到这么混乱的场景后，慌慌张张地去找认识的大人……我和弟弟经过一通乱战，全身都受伤了，也终于把他们三个都打趴在地上了，是的，待大人们赶到现场，战斗已经结束了，人生中第一次打架，我赢了，为了保护我的弟弟，虽然付出的代价很大……

后来妈妈赶了过来，她立即带我们姐弟去医院进行包扎，而我们姐弟在床上休息了好几天才逐渐恢复。那次打架留下的伤口虽然大部分都好了，可至今鼻子上留下了疤痕。

我很爱美，但每每照镜子的时候看见这道疤痕，我并没有感到遗憾，而是会不自觉地想起武侠小说里的梅超风。

小学三年级就开始读金庸小说的我，那时特别着迷《射雕英雄传》，在有了那次打架经历后，我就时不时拿自己和梅超风做对比，发现我和她确实有不少相似之处。

梅超风性格亦正亦邪，身世凄凉，最终为救师父黄药师而死。至于我，童年时代也并不快乐。我和弟弟、母亲相依为命，我们三个就是这个世界上最亲近的人，我愿意为保护我弟弟背负一辈子疤痕，纵使这疤痕落在我这样一个爱美女孩的鼻子上，而且是终生。

从此以后我和弟弟就在村里出名了，谁也不敢轻易地招惹我们。那个时候我就懂得了，只有勇敢地将自己变得强大，才能得到他人的尊重。

与落霞齐飞的，未必是孤鹜，而是一只已经长大的雏燕，那与长天一色的秋水，是群山化作的海洋，同样漫卷着夕阳的眷恋，那只长大的雏燕，踏着西边的云霞，与我弟弟一起展翅翱翔。

那是我妈妈

当我读到小学六年级时，家里开始放弃草席生意，转行卖塑料袋。

那段日子，妈妈从义乌进了很多塑料袋在镇上卖，卖一个塑料袋大概赚一毛钱，如果想要多赚钱，只能靠“走量”——如果一天可以卖出几千个大塑料袋，那也有不少收入。但是，这门生意门槛不高，原来镇上有四家都是卖这种塑料袋的，竞争很激烈，慢慢地便只剩下我家和另外一家在做，另外两家则退出了。

自从妈妈开始从义乌进货，家里便堆满了塑料袋，我们不但在家里开了小店进行批发，每到集市时还会去镇里面摆摊。每周两次的集市往往生意火爆，在集市中的销售额可以占到我家一个月生意的六七成。

我作为家中的长女，除了日常上学的时间兼做些杂物，每到周末也会跟着妈妈一起到镇里的集市卖塑料袋。

“批发塑料袋喽，批发塑料袋喽。”

“20 元一斤。全镇最便宜啦！”

周末热闹的集市里，不时会听到我的叫卖声，像个复读的喇叭——所谓初生牛犊不怕虎，当街叫卖对于我而言并没有什么压力，自然也不会感觉怯场或害羞，能够跟着妈妈一起赚钱，我其实兴奋而快乐。

镇上另外一家卖塑料袋的，也就是我家最大的竞争对手，也叫了自家小孩在边上帮忙。那家的小孩叫娟娟，和我是同班同学。于是卖塑料袋的工作变成了我们两个同学之间竞争的“战场”。我们不仅看谁卖塑料袋卖得多，还在学校里比谁的成绩更好。当然，在学业上娟娟永远不是我的对手，因为每次考试都是我第一。

万万没想到，娟娟妒忌心很强，有一天，在放学的路上，她带了几个人高马大的初中生把我拦住了。

我一看形势不对，转头就跑，娟娟却不肯罢休，带着那些初中生在后面拼命追。最后，我还是被他们逮住了，紧接着，我就被他们摁倒在地，并被打得头破血流。

我记得被打之后，走在回家的路上时，连袜子也没有穿，记忆中那天大雪纷飞，从学校往家走的路都是田野，前不着村后不着店，只有疏林晚鸦做伴，江边的钓鱼船也没人，我的心里阵阵发怵。

当我啜泣地走进家门，妈妈顿时大惊失色，并一把将我抱住询问发生了什么事情。在了解了事情的经过以后，妈妈立即拉着我去了娟娟家，要娟娟向我道歉，并要他们向我赔偿。当然，对方的态度很一般，虽然道歉了，但是娟娟很敷衍，她的父母也很敷衍，至于赔偿，直接被她家推脱开了：“你家孩子也打过人啊，双方都动过手，凭什么要我们赔偿？”

我们没有拿到一分钱，走在回家的路上，我又开始扑簌簌地掉眼泪。这时，妈妈扭头对我说："打回去不是最好的办法，我们一定要让他们付出代价，否则他们还会欺负我们。"

我疑惑地望着妈妈，不知道她会用什么办法让他们付出代价。

第二天，仍旧去上学，到了中午，班主任便找我和娟娟谈话。她严肃地警告娟娟："如果你胆敢再叫初中生打人，我会勒令你退学！这一点，请你清楚，也回去告诉你爸妈，让他们知晓。"

听到老师这么说，娟娟的脸上终于现出一抹惧意，连忙给老师保证，并再次向我道歉，这一次，娟娟道歉的态度颇为诚恳。至于我，在听到老师对娟娟的警告时，也恍然大悟：原来这就是妈妈用的办法。

但其实呢，我还是低估了妈妈保护我的决心。自从我被娟娟欺负后，当我再到集市帮妈妈去摆摊卖塑料袋时，却发现妈妈的定价发生了变化——我家对外售卖的塑料袋变成了"10 元 1 斤"，这样的价格，已经低于我们的进货成本了。

我非常不解，于是悄悄问妈妈："妈妈，我们进货都要 12 元一斤，卖 10 元一斤岂不是亏损？"

妈妈淡定地和我说："对！我就是要亏损卖，打败娟娟家。"

看着我依旧有些迷茫的目光，妈妈微微一笑，接着说："原来我还顾及娟娟和你是同班同学，其实我早就想亏损卖，把她家挤出塑料袋市场，这样我们才能抢占这个市场。"

我似懂非懂地点了点头，盼望着娟娟家第二次集市就不来了。但是事与愿违，在第二次集市时，娟娟家竟然卖 9 元 1 斤。娟娟家也跟进用亏本甩卖的方法抢占市场。我妈妈并没有退缩，而是针锋相对，直接把定价改到了 7 元 1 斤！这样相当于白送的价格，自然让买家们欣喜若狂，我家和娟娟家的"价格战”僵持了半年，娟娟家终于撑不住，退出了塑料袋市场。

从此以后，妈妈就控制了镇上所有塑料袋生意，后来又把价格恢复到原价 20 元，但销售额扩大了两倍，之前的亏损也很快赚了回来，还小有盈余。

可以说，妈妈是我涉足商界的启蒙老师，当然，妈妈的勇气和魄力也深深地影响了我，每当遇到困境，我学会了迎难而上，绝不轻言放弃。

之后的日子里，每到周末我会继续帮妈妈卖塑料袋，当遇到同学向我打招呼，我都要自豪地向他们介绍——那是我妈妈！

你买的是梦想

我读初三的那一年，家里的经济条件每况愈下。临近初中毕业的时候，父亲不愿意让我再继续读书，断了我的经济来源。被逼无奈，我走上了靠自己赚钱读书的道路。

十五六岁的我，那时已经开始思考，什么样的生意可以赚钱养活我自己？那时候，我不仅是一班之长，而且学习成绩始终保持班级的前三名，这样一个品学兼优的班长身份为我开始做小生意——卖文具，提供了很大的帮助。

在当时的学校里，有很多崇拜我的小粉丝，不仅仅我自己班里的同学围着我转，其他班级的同学也经常因为喜欢我而照顾我的小生意。

在这些同学里，有一个叫晓东的，他是我们班的学习委员，也是我的同桌。他会经常回家向他妈妈说我的事。

他妈妈听说了我要辍学的消息，同时也知道了我希望可以做点小生意继续读书的想法。晓东的妈妈主动找到了我，很真诚地借给了我 5 000 元。

我还特别清楚地记得晓东妈妈借我钱时和我说的那一番话，晓东妈妈对我说：“我自己是老师，我知道像你这么优秀的学生不是轻易可以遇到的，千万不要因为钱而辍学，有困难就和我说。”

我当时泪流满面，不住地点头。因为晓东妈妈的帮助，让我非常崇拜老师，我说过，我一生中最敬重的职业有三个：老师、医生和企业家。如果一定要排个次序，我应该会把老师放在第一位。也因为这件事，我在日后的高考中，毫不犹豫地选择了师范类院校，并在工作后，当了一段时间老师。如今我都非常怀念在一线做老师的时光，我曾经的学生们，你们都还好吗？

我用这 5 000 元从义乌进了很多文具，在 15 岁时就成为一名生意人。但是怎样才能把这些文具卖高价呢？我想了很久，最后决定还是用好自己成绩优异，在学校里威信比较高的优势。

多年成绩稳居年级第一，让我“优等生”的声誉在学校里颇有影响，我打算自己为进货的这些文具代言——我做了很多贴片贴在打算售卖的文具盒与书包上，贴片上写着“100 分文具盒”“满分书包”。

我和镇里的同学说，我之所以学习这么好，就是因为用了这一款书包还有这一款文具盒，有了这些满分文具，你们的学业一定会进步的。从小学一年级到初三，整整九年时间，我一直都是班长，同学们听到我这么信誓旦旦地打包票，他们一个个都深信不疑。

说实话，我其实当时根本没有想到这些同学会那么信任我，也没有想到他们会那么痛快地就掏出零用钱来买我的文具，如果用现在比较流行的营销知识来解释，那么就是我在同学们心中积累的商誉已经根深蒂固，因此很快变现为商业价值。

我对同学们说的那番话我现在想起来还觉得很有意思，也很佩服那时只有 15 岁的自己——我当时非常正经地对那些还在犹豫要不要买的同学说：“你买的是梦想。买了这个书包，你会有更强烈的信念考上理想的学校。”同学们听到我这番慷慨激昂的话语，一个个都深受鼓舞，纷纷买书包和文具盒支持我。

暑假两个月的时间，所有的书包和文具盒都被我卖完了。利润是 100%，我用 5 000 元赚了 5 000 元——这就是 15 岁的我第一次做生意交出的成绩单。

还了晓东妈妈的 5 000 元，交完学费我还剩下 3 000 元，这些钱足够我一个学期的生活费了。这其实大大超出了我的预期，因为我当时只想着可以赚到 2 000 元的学费就好了。当时的高中生，如果平均每个月有 500 元左右的零花钱，就算挺富有的了。

但是我舍不得随随便便就把钱花掉，那时我为了多省一点钱可以买书，曾经连续一个月吃霉豆腐，最后吃到吐胃酸，不过这样我可以硬生生地每个月又省出 300 元，够我买书和买光盘了。

我当时非常瘦，只有 80 斤，因为我不吃肉，甚至连青菜也不吃，只吃霉豆腐！作为一个爱美的女孩子，每当我看到同学买新衣服的时候，尽管心里很羡慕，但我努力压制着自己内心的期望，我总是暗暗对自己说：“他们买的是衣服，我买的是梦想。”

高二、高三的时候，我做小生意愈加得心应手，已经不是单纯的只会卖点文具赚钱了。我学会了帮初中生补课。之所以很多人愿意找我补课，依然得益于我成绩年级第一的光环。

成绩长期名列前茅，使来找我补课的学生络绎不绝。我挑了几个学生，一到周末就为其补课辅导。如此下来，我每个月可以赚到 4 000 元，加上寒暑假，我一年就能赚 8 万元！就这样，我不但很好地兼顾了学业，还成了一个远近闻名的“小富婆”。在为初中生提供辅导的过程中，我逐渐地发现：对外输出是一种很好的学习方式，可以帮助自己更好地理解知识点。所以我的成绩依然没有因为我在外面的打工而掉队。

有一次我问弟弟，你的梦想是什么？他说：“我将来想成为一个医生。”我没想到我弟弟的梦想那么伟大，最厉害的是，我弟弟始终追寻着自己的梦想，在多年以后真的把梦想变成了现实——弟弟后来成了浙大博士，之后成了当地著名的儿科医生。

“姐，那你的梦想是什么？”弟弟当时反问我。

“赚钱呗。”我说出了重复无数次的答案。

“啊？这是不是俗了点儿？我还以为你要当老师呢？”弟弟的眼睛当时瞪得溜圆，一副姐姐的形象轰然崩塌的样子。

“不赚钱怎么有能力当老师！”我对弟弟一笑。

“啊？当老师可以赚许多许多钱呀？”弟弟追问。

“办学校就能赚钱，赚了钱就能办更好的学校，不是吗？”说出这句话的十七年之后，我自证预言。艰难的生活让我明白了金钱的重要性，埋下了努力奋斗，改变贫穷的火苗。多年之后，这火苗化作了熊熊大火——财富的积累让我有能力去帮助更多的人。

田野是我家

我是乡村的女儿，田野是我的家。“明月松间照，清泉石上流”的美妙，是乡村；“开轩面场圃，把酒话桑麻”的热情，是乡村；“倚杖柴门外，临风听暮蝉”的悠闲，还是乡村。

小学时学校离家里很远，要经过五个村庄才能到学校，中间还要走过大片大片的田野和菜地。独自走在乡间的田埂上，闭上眼睛，闻着新翻泥土的气息和各种花草的香味；突然觉得自己好像动弹不得了，已经完全沉浸在这让人如痴如醉的美景里了。在我高兴和不高兴的时候，我都会躺在田野上的草地上或者玉米地里，望着天空发呆。

我尤其喜欢秋天的田野，她广袤而丰盈，宁静又悠远，农人们在田地间焚烧野草与杂物，有人说那是“焚秋”，带着浓浓的芳草气息，那烟袅袅绕绕慢慢地升入天际，有多少浪漫的遐思随着那烟一起飞扬……这时候，我发觉我所有的感情都融化在那烟里。说到焚秋，便想到秋凉的季节，有老奶奶在沙沙声中打扫着一夜的落叶。扫完以后，把秋叶堆成一垛一垛的；不多时，便有一股股浓浓淡淡的轻烟袅袅升起，散漫开来，就像清晨山里的秋雾那样轻笼住我住的旧楼，那是秋叶焚烧的轻烟，弥漫着一种浓香。秋夜，天高露浓，一弯月牙在天边静静地挂着。这广袤的大地孕育了我宽广的胸怀，是我每次跌到谷底还能爬起来的精神力量。

曾经有许多个放学的傍晚，我带着我的小伙伴去掰玉米，挖番薯。我们经过凹凸不平的山路，来到番薯地。番薯地里绿意盎然，葱茏的藤叶匍匐伸展，密密挤挤，在眼前编织成一片浓郁的绿毯。我把藤都翻到一边，然后用镰刀把它们割断，再把藤拉到一旁，接着就开始挖番薯了。小伙伴们挥起大锄头用力锄下去，再往前一翘，三四个紫红色的大番薯就从地里滚了出来。你一锄头我一锄头，大家你追我赶，很快挖满了一箩筐。你看，挖起来的番薯大小不一，形态各异，有的肥硕饱满，有的细长纤瘦，有的弯曲扭转，有的小巧玲珑，更有的拖着长长的尾巴，如尖嘴机敏的老鼠。番薯大多为粉红色，虽沾染了泥土，仍掩不住那艳丽诱人的色泽。很多年以后我依然爱吃番薯，吃着番薯有一种淡淡的乡愁，我的回忆里不仅仅有番薯，还有妈妈慈祥的笑脸。

春天来了，我带着小伙伴摘野花，我和小伙伴们互相戴着采来的野花做成的花环，听着春天第一声雷去挖春笋，从立春过后，只要发现雷笋，必然迅速出手。我们踩着有些湿滑的黄泥路，爬上雾气弥漫的山梁，走进一片葱茏碧绿的竹林。这时候，东山头上的太阳正在冉冉升起，金色的晨曦绚丽夺目，光芒四射，折射成一个个七彩辉映的光圈，穿过氤氲升腾的雾气，透过竹林上空浓密的荫翳，在林地中间洒下斑驳的光影。

一时间，岑寂的竹林变得明亮起来。透过密集的竹林侧耳倾听，林子内外鸟声啁啾，蝉声激越，清风呢喃，竹叶婆娑，各种声响融汇成和谐动听的音符，在高大翠绿的毛竹丛间萦回，仿佛在弹奏一曲音律飘逸的和弦。你看，这根刚刚破土而出的竹笋，全身包裹着黄褐色的笋衣，笋尖上顶着几颗晶莹的露珠，嫩黄的笋衣上还沾着几粒新鲜的黄泥，挺着胖乎乎的身子，一副憨厚壮实的模样，活像一个清新玲珑的小胖墩。明眼人一看便知，这是一根品质极佳的“白玉笋”，堪称春令时节的上等食材。我连忙操起手中的锄头，用力刨开竹笋周围的泥土，几下便挖到笋根和竹鞭的连接处，裸露出许多白生生娇嫩嫩的笋根。接下来，只要用随身带来的镰刀将笋根斩断，便大功告成了。

回到家后扒皮焯水切块，妈妈用油煸香，煸到表皮微微褶皱焦黄，下酱油冰糖收汁出锅。一口下去，细嫩的春笋纤维在唇齿间不费力就折断了，浸出满口笋里鲜咸的汁水。继续咀嚼，嫩、鲜、咸、甜在唇舌间翻转，即便下肚，留在口中的还是干净清爽，那是种只属于春天的清新。远在北方的表哥告诉我，他们一到春天就爬上树采香椿。春天呀春天，连同春笋，连同儿时那些欢乐的记忆就这样留在了我们的心里。

夏天，我就帮我爸爸妈妈插秧。那时候曾经被蚂蟥叮上了，密密麻麻的好多条。我吓得直哭，不断地用手去扯那蚂蟥，可是越扯蚂蟥，蚂蟥往皮肤里钻得越深，妈妈跑过来对我说，不要去拽它，而要用拍打的办法，然后不管三七二十一噼里啪啦地拍打我的腿。这办法还真管用，不一会儿那些蚂蟥纷纷滚落了出来，可是我的腿也被叮得到处都是血。

哪怕是这样，我依然帮着爸爸妈妈把稻田里的秧插完了，而我的腿也肿得不能再下地。妈妈心疼我，就不让我到田野里干农活，让我在家里给他们烧晚饭。顽皮的我常常和小伙伴们玩得忘了烧晚饭，然后饿坏的爸爸回来又是给我一阵说教，可我依然不长记性，还是经常和我的小伙伴们游荡在田野里，小溪旁，欢快得不亦乐乎。

小时候家里的条件并不富裕，我常常羡慕每天有苹果吃的小伙伴。我望着隔壁的小伙伴吃苹果，直咽口水，心里暗暗发誓，等我将来长大了，我要赚许多的钱，每天都可以吃苹果。这个愿望没到长大就实现了，后来妈妈卖塑料袋，家里天天有苹果，妈妈一箩筐一箩筐地往家里买，我一箩筐一箩筐地吃，直到吃吐了上医院，如今我看到苹果再好吃也不会去碰它一下，这就是童年的时候太缺乏了，以后物极必反吧。

无数次我梦见那乡村的炊烟。那炊烟打开我记忆的心门，母亲，洗刷着锅碗瓢盆，缝补着乡村的艰难，用慈母的心，将简单的日子蒸蒸煮煮、煎煎炒炒成诱人的牵挂……

缥缈的炊烟啊，你是一根温情的红线，一头连着故乡，一头系在心间。任凭我走得再远，也走不出故乡的炊烟，不管走多远，也走不出母亲的呼唤。我的心里装着回不去的乡愁，回不去的童年。

精选列举，学问勤中得，萤窗万卷书。
三冬今足用，谁笑腹空虚？

——辛弃疾

求知少年

小学三年级的时候，我从村里的学校转到镇里的小学。那时候我家离学校有 15 里路。我每天提前两个小时起床，天蒙蒙亮，我就开始在田野里奔跑，往学校里赶。我常常在朦胧的清晨里奔跑，在天蒙蒙亮的时候，第一个到学校。我们学校有 1 000 个学生，我能做到每天第一个到学校，打开教室的木门，这样的生活我连续坚持了四年，谁让我是我们班的班长，还是少先队的大队长呢。

最难捱的是冬天，大雪随着寒冬来了。白茫茫的田野一望无际，农村的瓦房上还有长长的冰柱像水晶短剑挂在檐前，行人的呼吸也化作了一股股白烟。肆虐的雪花纷纷扬扬地飘落下来，凛冽的寒风一阵一阵地吹过。偶尔看到几个行人都是缩着脖子，拉紧了衣服的领口急匆匆地赶路。呼——呼——，狂风呼啸，大树在狂风中摇晃，一条条树枝就像一条条狂舞的皮鞭在空中抽打着。而那田野里随着雪花疯狂奔跑的女孩，一直没有停下脚步。日复一日，年复一年地奔向她向往的校园圣地。

当我的同学还在睡梦中的时候，我已经晨读了两个小时。我不但要背下昨天学过的所有课文，还会预习今天所要学的内容。如此的学习习惯，让我轻而易举地取得了整个乡镇 2 000 名考生第一的成绩，轻轻松松地进入了浙江省重点中学浙师大附属中学。

刚进入初中的时候，同班同学不是浙师大教授的子女，就是部队军官的子女，还有一小部分就是每个乡镇的第一名考进来的学生。初一摸底考的时候，我的成绩在班里只有第十名，老师让我担任生活委员。一学期以后我的成绩立马保持在班里前三名，在唯分数论英雄的校园里，我立马从生活委员升到了班长。而这班长的荣誉也从小学一年级开始几乎一直保持到了大学毕业。

浙师大附属中学就在浙师大校园隔壁。校园的树木郁郁苍苍，中间错落着浙师大的建筑都是红色的砖瓦房，古色古香。我依然保持着小学的习惯，比同班同学早起两个小时。我最喜欢的就是爬到教室门口的一棵樟树上，躺在大树上背英文单词。我常常背着背着就睡着了，阳光洒在我的脸上，我闻着青草的味道，躺在青褐色的枝丫中间，微风拂过绿叶亲吻着我稚嫩的脸庞。耳边的风一阵阵吹来，在心田荡起了清凉，惬意地轻轻摇晃着。望着天空，云卷云舒，憧憬着远方，幻想着长大的模样。

那个年少时光，悄声倚君畔，问君美不美？一树花开，心有余响，花影禅心，每一个嘴角上扬的日子，都是好时光。这样的好时光里是老师对我专注的目光。化学老师几乎只对着我一个人上课，所有的提问也只针对我，其他同学去抗议的时候，徐老师就说“你们也有她那么勤奋吗？那我就对着你上课”。数学老师把我宠成宝贝，每次当有同学做不出题目的时候，他就说“雅歌你上来，教教大家”。我在老师的宠爱中一路学到初三。

住校的我们每天晚上要晚自习两个小时。我为了安静总是坐在第一排，其他不学习的同学就往后面坐，我跟他们隔开远远的三四排。班里有个叫勇的同学每次路过我的座位旁就会推我，或者坐在我的边上说个不停。我不胜其烦，有一次我们俩又因为一点小事争执起来。他坐在地上号啕大哭，老师跑过来罚我站在教室的前面，大声地对我说“你有这么多力气和同学吵架，不如每天去操场上练跑步，我们班的田径竞赛长跑一直没有人报名，你作为班长竟然在这打架，不去跑步”！我惭愧地低下了头，心想：跑步就跑步，有什么了不起的。

从那以后，每天晚自习结束我就在操场上跑10圈，为毕业前的学校运动会做准备。一晃半年过去了，我越跑越快。毕业前的运动会，5 000米的长跑比赛，到最后1 000米的时候，我的脸都白了，腿像灌了铅一样重，我听到耳边勇在说“停下来，停下来，摔一跤吧，摔一跤吧”。我愤怒地瞪了他一眼，腿像长了翅膀一样又加速跑了起来。谁说嘲讽会使你失败呢？当他人想伤害你的时候，你就要跑得比他还要快。或许没有勇的嘲讽，我真会停下来，因为我是真的没有力气了。可是人的潜能是无穷的，我自己都不敢相信，我在没有力气的情况下，还能像风一样地跑起来，最后我得了长跑组的第三名。这也是我迄今为止取得最好的体育成绩。

初三那一年，家里的经济越来越不好。妈妈似乎得了抑郁症，整天发呆不说话。我每半个月回家一次，然而家里也实在没什么钱给我做生活费了，我就只好买豆腐乳吃。偶尔买个五元钱的新鲜豆腐，那一整天我都会很开心。

有一天早上，我在洗脸的时候发现毛巾上都是血。除了咳嗽我还感觉心脏堵堵的，去医院检查才发现我不但得了肺炎，还得了心肌炎。我在医院整整躺了两个月，心急如焚，这落下的功课可怎么赶上去呢？躺在病床上，我自学英语、数学等，遇到不懂的问题，我就集中起来打电话问老师。两个月在病床上，让我彻底地安静下来。我时常问自己，要不要做第一？要不要考大学？我内心坚定地回答，“做第一！考大学！”

两个月以后，我回到学校考试，依然是班级第一。我爬到教室门口的大树上，甜甜地睡了一觉。樟树呀，我就要毕业了。纵然情深，我与天地，终将擦肩而过。纵然缘浅，你若为锦瑟，我便是流年。

住院养成的自学习惯在高中生涯帮了我极大的忙。我似乎不用老师讲解，也能把书本看懂，稍有不懂问问老师就能解决。这种好习惯使我在高中卖文具做生意的时候，功课依然能保持班级前三名。那时候，上课是我效率最高的时候，我总是能很轻易地就把问题听懂了，晚自习去图书馆查资料，做历年真题。最后把全天的学习进行梳理，反思总结自己今天的不足和进步，同时做好明天的计划。

极高的学习效率使我周末从来不需要补课。我中学时大部分周末时间不是花在去市场补货上，就是在校园里卖货的路上。以大多数人的努力程度之低，根本轮不到我与他们拼智力。

高中三年，鲜衣怒马的日子，落叶纷飞的窗外，在踮脚张望的目光里是那樟树婆娑的身影。谢谢樟树装饰了我的梦，你是人间四月天。

作为一个求知欲特别旺盛的少年，我如饥似渴的在学校学习书本知识，这让我顺利地进入了华东师范大学。“路漫漫其修远兮，吾将上下而求索。”

别了，农村

所有的亲戚里面，姨妈是我最敬重的人。姨妈自己开了一家私立医院，在我 18 岁的时候，他们已经搬到杭州。

被华东师范大学录取的那一年，我第一次跨出金华，乘着绿皮火车前往省会杭州看望姨妈。那时候还没有高铁，从金华到杭州的火车要坐两个小时，陪伴我的是我的弟弟，虽然旅途颠簸，但我俩非常兴奋。

下了火车，我和弟弟没有立即去姨妈家，而是先去了杭州最著名的风景区——西湖。当我站在西湖边的时候，我立刻便被西湖的美景震撼，当时的感觉，我一辈子都难忘——原来，我梦中的天堂在人间真的存在。

你看，荷花与荷花挨挨挤挤地散布在广阔的湖面：荷叶托着娴静、素洁的荷花，绿莹莹的叶面上还点缀着玛瑙般的露珠。那些胖乎乎、白里透红的花骨朵，在阳光下的照耀下显得愈加生机勃勃。人们划着轻快的小船，欢笑声、词曲声悠扬地传出，与湖间的鸟鸣声交织成一曲悦耳的乐章。形如小胖娃娃的莲藕被人们采摘出来，在湖畔高声叫卖，引来了不少游客……我眼中的西湖，简直是一幅画家也画不出的美丽图画。

我就那么呆呆地看着、望着，时间流逝，却让我无法觉察。沉浸在美景中许久，我骤然惊醒，感觉恍然度过了一生：我才意识到，在我 18 岁之前，我生活的是一个世界，而眼前的，是另一个世界。18 岁之前的世界，灰暗、艰难，我眼前的世界，欢乐、多彩。

我在那时候又下定了决心，我不仅要来杭州，我还要去这世界上许多的地方，去见证更多的美好。

多年以后，我的足迹已经踏遍了七大洲、四大洋，到过白雪皑皑的南极，也踏上过古老炙热的非洲大陆，曾与遍地的企鹅嬉戏合影，还亲眼见过拥有儿千年历史的木乃伊与金字塔。蓦然回首，依然发现，江南忆，最忆是杭州——山寺月中寻桂子，郡亭枕上看潮头，何日更重游。

那次去杭州，给我很大触动的，除了西湖美景，还有姨妈家的富丽堂皇。去姨妈家做客的时候，姨妈家那宽阔的庭院和奢华的客厅，也让我知道原来生活还有另外一面——这一面就是富裕和气派。

记得当时姨妈对我说："一定要走出金华，到杭州来，这里有更好的人才和更好的平台。"

而我当时想的是，不需要有更好的人才和更好的平台，就冲着西湖我也一定要来。而在之后，我确实也在杭州有了自己的事业，不仅新开了幼儿园，也购置了房产。

到了那一年的 9 月，我前往上海的大学报到，那也是我第一次来到"魔都"上海。缓缓地走在黄浦江畔，我的脑海里回忆着年少时曾经听过的《上海滩》金曲。

“浪奔浪流，万里滔滔江水永不休。淘尽了世间事，混作滔滔一片潮流。是喜？是愁？浪里分不清欢笑悲忧。成功，失败，浪里看不出有未有？”……冥冥之中，我似乎感受到，上海将是我的福地。

如果说看到西湖让我知道了甜美宁静的样子，那么黄浦江上的汽笛声则让我热血沸腾。蔚蓝的天空，飘着白色云梦。云梦下的老艄公，在黄浦江畔寻思、入梦，弯弯流长的黄浦江，几经曲折，几经回旋，走向茫茫开阔的视野。那希冀的云梦，留连于外滩，迎接着夕阳的绚烂。

“除了学业，我还有许多其他的事情要做。”回头看了看身后的高楼大厦，我的心中升腾起万丈豪情，不久之后，我在上海开启了新的人生篇章——18 岁，一名叫雅歌的大一新生成立了自己的第一家公司——从事服装销售；15 年之后，她的事业不断发展，拥有了属于自己的幼教集团，这家集团的总部，也落户在上海。

从 18 岁那一年以后，我再也没在金华住过一宿，虽然我很留恋我的妈妈，可我羽翼已丰，终要展翅翱翔。

我是那回不去的少年，流连在华师大丽娃河畔，还有灯火通明的自习室、露天的大排档。在这些地方，有太多选择在外闯荡的人，他们为了梦想告别了亲人，来到不熟悉的异乡。

“我的幸福还没到火候吧。”

“我想我一定能成。”

“再坚持一下，事情应该就会变好。”

我似乎可以听到他们内心的声音，他们的所思所想其实跟我一样。

在我不算漫长的创业历程中，有太多的事情挥之不去，有太多的美好等待拾起。此中有真意，欲辨已忘言。一个人的成长，大抵就是离开、告别、回味、转身、出走……对于我而言，离开金华，我走得义无反顾。

别了，农村。别了，农村！

第二章

求学北大

心中的梦想

关于我的丢三落四，可以追溯到十年前丢了钥匙爬窗户进宿舍，丢书本、丢眼镜、丢衣服、丢化妆品。最近丢物品的记录是去上海，明明带了车钥匙，可回来后车钥匙怎么也找不到了，幸好家里还有一把备用的。去车行询问一下，补一把钥匙要 3 000 元，真是懊恼。

从开始准备报考北大光华，要准备很多材料，而顶重要的是毕业文凭。我印象中本科文凭是丢掉了，于是我跑到上海补办文凭。到学校才知道补文凭要两寸彩照，又急急地补了照片，拿了本科文凭准备寄给北大光华。在寄出文凭的时候发现还需要历年获奖的证书，于是翻箱倒柜地找荣誉证书，翻着翻着，一本大红的本科毕业证书赫然出现在我的眼前。我又惊又喜，但随之一想，这个文凭可是白补了。

不知从什么时候开始，我有了浓重的名校情结。从 2008 年底开始，我就开始关注各大名校的硕士招生考试，准备攻读 EMBA。事实上，我差点儿报考英国的院校，可是，那就得去英国两年。为此我犹豫了相当长的一段时间。要在国外两年，我害怕孤独。而且也确实丢不下国内的事业。我于是放弃了去国外院校就读的机会。

犹豫了许久，本想报考复旦的我改考北大光华。研究了北大光华的录取条件，终于寄出了我的报考材料。收到北大光华的准考证后，我立即订了往返北京的机票。于是，我就不断地在北京与义乌之间来回飞。妈妈说古代的考生进京赶考，背上干粮，要在路上走一年的时间。如今我北上“赶考”，一周内来回两次，飞机真是个伟大的发明。我劝妈妈和我一起去北京，可以坐坐飞机。妈妈说，“我这辈子都不想坐飞机，怕飞机掉下来”。我摇头苦笑，妈妈这辈子从来没有坐过飞机，害怕太快的东西。

那时我还在学校工作，晚上去校长家，和校长说我要请假，去北京“赶考”。校长说，北大光华太有名了，祝你梦想成真。深夜，朋友打电话来问：“你复习的怎么样了？北大光华可不是好考的。”别急，我先把作业批改了。家人问我，“今年考不上怎么办？”我哈哈大笑，大不了学范进中举，今年考不上，明年再考。连续考到 70 岁。然后拿着“进士”的一纸证书，哈哈哈长笑三声，喜出望外。

珍贵的录取通知书

考上北大光华并不是一帆风顺的。当我的笔试、面试都以很高的分数通过后，北大光华录取委员会的教授们却认为，我的企业规模太小要作为候补录取人员。后来或许是我的面试给他们留下了深刻的印象，我最终还是被他们认可了。

收到北大光华录取通知书时，我久久地凝视北京大学这几个字，心里充满了喜悦。这是一所我一直很向往的高等学府，能成为她的一分子是我的骄傲。我发短信告诉所有我可以告诉的人，我被录取啦！

可是一想到我已经把“主攻”城市定位在上海，似乎北大与我的事业不是很相关。于是就纠结我是否该去北大上学？几番挣扎，我想有些梦想，当你有能力去实现的时候，不去做会后悔的。

人生苦短，我怎么也得过得理想一些、梦幻一些、随意一些。那就满足自己的名校情结，就读北大。

拓展训练

北大光华开学第二天，我们来到怀柔的拓展基地进行拓展训练。自由报数分组，我们全班分成 10 组进行穿渔网、走鳄鱼潭、鼓动人心、高空跳跃等活动。

北京似乎没有秋天，尤其是在怀柔这样的山脚基地。清晨六点半，我们就像学生时代那样呵着冷气迎着寒风进行晨跑了。我看到深圳班几个同学五十多岁的年纪了，却依然精神抖擞、毕恭毕敬地听教练指挥。

活动中的鼓动人心游戏在四个组中间展开。活动是让一组 13 个人围成一圈，每个人拉动中间一个面积不大的鼓，让皮球在鼓面不停地上下跳动。第一轮是两分钟内看哪组皮球跳动次数多，第二轮是看在皮球不允许离开鼓面的情况下跳动次数谁多。我们在练习的 20 分钟反复试验用什么方法可以让球跳动得更多。我们组的杜乐是个博士，总是在一边分析力学和平衡。于是在他的指挥下我们不断变换位置练习皮球的跳跃。第一轮下来，我们在两分钟内跳了

96 下，在比赛中为倒数第一名。我们甚为沮丧。

第二轮比赛前也给了我们 10 分钟准备，看到第二组“阿波罗队”轻轻松松取得第一名，队长觉得我们的鼓有问题，拉绳有高有低没办法使队员平均用力保持鼓的平衡。于是跑过去恳求在他们队用好鼓后借给我们用。他们组爽快地同意了。第二组“阿波罗队”和第一组“蝗虫队”先比，“阿波罗队”以 185 下的成绩轻松地打败了“蝗虫队”。

我们拿到了“阿波罗队”的鼓，使用起来确实完全不同。我们可以很好地平衡鼓面，于是一下、两下、三下……皮球在我们的球面均匀地跳动。340、341、343……我感到体力越来越不济了，我艰难地抬起我的双腿，眼睛死死地盯着皮球的方向，移动、移动、跳跃、跳跃。351、352，全场是雷鸣般的掌声，所有的人都在给我们加油报数。终于我们获得了 366 下的好成绩，遥遥领先“阿波罗队”的 185 下。

眼看着我们输定了，我们却取得了奇迹般意想不到的胜利。

“工欲善其事，必先利其器。”这句《论语》中的话，在这个“鼓动人心”的活动中体现得淋漓尽致。

我们和其他队友取得了良好的关系，在他们“利器”的帮助下，反转了局势。

工具的变革、先进技术的运用一定要在一个企业中得到高度的重视。它会决定一个企业的生死存亡。蛮力几乎解决不了任何问题。

推选班委

我太热爱这个班了，太珍惜北大的学习机会。希望评选出最好的 65 班班长。我们希望通过公平投票的方法来推选班委，于是我们班里成员推选正副班长，由正副班长推荐班委的方法来进行。每个人先演讲两分钟，然后大家再投票。

我是多么期待我们的班委能凝聚人心。能如刘总所说，不但管好北大这两年，还能管好我们一辈子。以至于白天上课我老走神，急迫地盼望推选班委的时刻快点到来。

终于要推选班委了，我上台把班长职责及投票办法写在黑板上，然后每个人按座位发言。杨兄是大家公认最像班长的人，他长得方方正正、高高大大，给人十足的安全感。楼超自告奋勇做了班副，赢得了大家一致的拥护。正辉的幽默和履历打动了我们全班同学的心，也以高票当选班副。班委人员共 10 人，同学们所选出来的人个个都是我心目中的理想人物。我们期待 65 班在他们的带领下，发出耀眼动人的光芒。

同学友谊是什么？是那种“海内存知己，天涯若比邻”的相依，也是那种“我寄愁心与明月，随风直到夜郎西”的轻叹。在这个2020年的春天，我望着窗外的细雨想念北大的同学。

冬季运动会

当青春的旋律又一次在春天响起，当拼搏的精神再一次被激情点亮，我们迎来了北大 65 班的第一次运动会。一颗颗火热的心随之律动，我们将继承前辈永不言败的精神与意志，接过承载北大百年的厚重与坚强，在本次运动会上放飞梦想、挥洒激情。

运动会开始之前，我们组长陈福抽了个队名叫："假正经"。其他三队分别叫："癞蛤蟆"、"天鹅肉"、"不正经"。我们想好的口号是：装模作样，假正经。于是，我们"不正经"队随着雄壮的运动员进行曲入场了。

第一个比赛项目是跳绳，我们齐心协力夺得了第一名，陈福使出吃奶的力气把腰都跳闪了，成平在不正经队的分数渐渐逼近我们组的时候不断地说笑话，胡搅蛮缠地让他们组发笑，他们也就笑嘻嘻地不断触网暂时位居我们之下。

第二个项目是"背媳妇"，我们组胖的特胖，瘦的特瘦。我是个胖姑娘，他们哼哧哼哧地背着我，好不容易跑了个最后还直喘粗气。

第三个项目是 10 分钟的篮球赛，把我笑的嘴都歪了。我们组一上场就倚重陈福和赵利两个主将，好不容易将球传到陈福手里，但是对方队友一阵疯抢。他们几个人围着陈福抓得抓，咬得咬，有一个人索性把陈福的眼镜摘了，600 度近视的陈福只好紧紧抱着篮球死命不放。对手们还不放过陈福，于是陈福弯腰屈膝，把球放在胸口滚倒在地。这下好了，所有的对手前赴后继地压在陈福身上，大家展开了激烈的肉搏战。我们组的女将马利宏麻利地拉开了两个对方队友，陈福终于冲出重围站了起来。楼超步步紧逼把陈福逼出场地，已经犯规还在场外手舞足蹈地疯抢篮球。大家笑得直掉眼泪。

篮球赛更像是抢球赛，而且死皮赖脸，充分发挥不正经、假正经风格，每个人拿到球就死死抱着满地打滚，其他人不断地撕咬踢打，哈哈，这群人在单位都是高管、总裁，风度翩翩、彬彬有礼，在这个运动场上充分暴露了人的原始野性。

最后是绑脚跳，由于我们两个穿高跟鞋的女生拖了后腿。最终“不正经”队拿了总分第一。

奖品是好想你红枣。是的，好想你，远方是远，思念是长。

北大的光棍节

2011 年 11 月 11 日，多好的日子，这么整齐地排列。谁说是光棍节，分明是欢聚节。气场相同的人走在一起，北大 65、66、67 班一百多人相聚在深圳凯宾斯基酒店。我们戴上红领巾，回到七八岁的童年。一路上，我们热情地招呼路人给我们签名写祝福，我们寻找神秘的礼物，一群老大不小的“小学生”忘记了人生的种种磨难与困苦，用纯净的眼睛看世界，用行动践行美丽。

我们一路欢呼着来到会场，一载同窗一载情，我们把酒言欢。你看，强队的模特走秀，强有穿上我的外衣，小强男扮女装梳起辫子，阿布用红领巾做性感的外衣跳起热舞，欢笑声在空气中回荡，我听到我的心在笑。是呀，是心在笑呢。

满汉全席的节目，我们八个队选个女同学托着一个托盘，然后主持人报一样东西要把这样东西放进托盘，放的最少的为输。报的东西有发夹、长发、登机牌、打车票、红袜子、白衬衣、耐克牌球鞋、黑色皮带、白框眼镜等。抢白衬衫的时候，因为班里只有三个人穿了白衬衫，于是穿白衬衫的雷子被团团围住，五六个同学连拖带拽，厮打撕扯，要扒下雷子的白衬衫。大家费了九牛二虎之力后，雷子露出背上都是拔罐后圆圈点点的背，白衬衫被抢夺了去。

阿布这时脱下她的红袜子放在我的托盘里，我高兴极了，100 多号人有红袜子的应该只有我吧。我正扬扬自得，“嗖”的一下，我只感觉有风声，我的红袜子不见了。我甚至看不清拿袜子的手是男的还是女的。我们班的人，出手真是又狠又快啊！我大声疾呼：“我的红袜子！”可是人声鼎沸，到处是抢夺声，失去物品的惊呼声，得到物品的狂笑声。我又急又气，放声狂笑，哈哈，哈哈。

放肆的笑声承载了我们太多的欢乐。哈哈，哈哈，空气在笑，深圳的夜空充满情谊的味道。

而最让我终生难忘的是，这一天，我们和几个有缘人走到一起，组成了一个来自五湖四海的“家”。今后岁月的风风雨雨，以后“家”来替你扛。我时常一个人哭，从 2011 年 11 月 11 日起，有人听我哭了。

北大，你让我有了一个家。

让我流泪的课堂

进入北大，我最喜欢的老师是张志学教授，他的课堂也是唯一让我流泪的课堂。张志学教授是香港大学的社会心理学博士，现任北京大学光华管理学院组织管理系教授、博士生导师。他的幽默和博学使课堂笑声阵阵，同学们总是很盼望上他的课。

张老师讲的是企业的领导艺术。上课前他就向我们推荐必须阅读的几本好书：《联想风云》《华为的世界》《管理百年》《影响力》《领导者》等。这是我喜爱的教学方式，告诉我们该学什么，指明方向。

张老师首先讲的是组织与领导：组织的第一要素是目标，目标一定要共享。为什么游戏这么吸引青少年学生，因为它有目标。目标哪怕是假设的也能激励人。

接着张老师讲了判断与决策：指出我们要避免被自己和身边的人锚定。然后讲团队与沟通：由一个拼图游戏开始，142 人被分成了 16 个队，每组一分为二，分别为管理组和生产组，各自拿到自己的活动说明后，严格按照活动说明进行，时间控制在 60 分钟之内。最快的一组用了一分多钟，他们的管理组首先及时与生产组进行了有效沟通，生产组在拿到材料之前自己按照管理组提供的信息主动对拼图进行了设计，管理组在下达指令前对指令进行了实验和验证，以确保生产组能够完全了解所传递的信息，同时还对每个小组内的角色进行了分工，保证了他们能迅速有效地完成任务。

而我们组是倒数第一名，时间到了也没有拼出图形。仔细想想那是我们根本没有明白管理者要我们做什么，管理者也不明白我们到底听懂没有。这充分证明，在现实中我们一定要让员工复述工作，要他们真正明白工作的具体要求。要及早地让经营者参与进来，不要决策者自己拍脑袋乱想。

最后一天，张老师讲了变革与影响：张老师曾经在华为工作过两年，因此他以华为为例，讲了华为如今是世界上顶级的通信设备供应商，2019 年销售额达到 1 822 亿元人民币。《华为公司基本法》中的 101 条：高、中级干部任职资格最重要的一条是，能否举荐和培养出合格的接班人，不能培养接班人的领导，在下一轮任期时应该主动引退。仅仅自己优秀是不够的，还必须使自己的接班人更优秀。我听后很受启发，我也要把它作为我们夏月荷花的制度。

张老师说任正非喜欢群众运动，年年组织大合唱，拉歌比赛。2001 年，张老师看到华为的员工都自发地利用业余时间去练歌。练累了就在广场上休息，公司运来盒饭，在没有人指挥的情况下有序地排队就餐，每个人都把垃圾放进分发的塑料袋，上万人吃饭后的广场依然干净如初，张老师心中不由地赞叹，这是一个什么样的组织啊！多么严谨，多么有战斗力。大合唱的时候个个群情激昂，不时有来自俄罗斯、南非等地的电话汇报在前线的战绩。在场的员工高唱革命歌曲，那种万众一心的企业文化深入人心。

听着张老师的讲述，我也流泪了。我能感受到华为任正非创业的激情，闯荡世界的艰辛。企业家是个最辛苦的职业，巨大的风险，随时可能被市场吞噬。巨大的责任，那么多人跟着你，希望过上好日子。我们肩上的担子很沉、很重。

我太了解这些企业家的痛苦了，我是他们中的一分子。我不曾徘徊于柴米油盐之余的风花雪月。月照读书窗，始终坚持做自己，就像始终不让春天的姹紫嫣红将自己漂染一丝颜色。即便无色无味，亦能一顾人间惊鸿。即便不言不语，你亦会对我情有独钟。一份懂得，在花花世界的喧嚣中，依旧清音绕梁，恰似顾曲周郎。

未名湖畔，岁月齐眉

北大毕业前一年，我抱着试试的心态与张老师说：“张老师，我希望推荐个同学来北大上 EMBA 可以吗？”“当然可以啊，谢谢你给我推荐优秀的人才。”张老师爽快地答应了。我们约好了会面的时间，可我同学害怕北大门槛太高而放弃了。不想年后，张老师吩咐工作人员主动联系我同学，又在上海找到我关心这件事，我被感动了。张老师做事的认真让我惊讶，一个北大光华管理学院的教授，EMBA 中心的主任，这等小事他却一直记得。我连忙联系我同学，让他来上海与张老师见面，促成我同学（一个上市公司的董事长）来北大求学。

晚上，张老师和我们 65 班进行了深度对话。我们得知张老师奔走在上海的校友间了解上海的情况，主动登门拜访一些优秀的企业家。他说，复星集团通过我的拜访当即决定和北大签订战略合作协议，输送人才来北大读 EMBA。他说，十年来，我们没有对上海进行一分的投入，上海校区却坚强地活下来，真的很不容易。我们觉得有愧，将来我们要把重要的讲座论坛都放在上海，让我们 EMBA 的 7 000 名校友都得坐飞机来上海，羡慕死其他地区的校友。张老师的发言让我们心潮澎湃，掌声久久不息。

张老师说我们将利用北大强大的人文优势，让我们听到别人听不到的课。北大中文系、历史系、哲学系等有太多高人，他们不慕名利，学识渊博却被隐藏在北大，我要把他们“挖掘”出来，让他们的智慧与大家分享。他们远比那些在中央电视台露过面的高手更强。光华将带领我们在基础课、通识课、实践课等模块里徜徉开悟。

张老师说，真心希望大家叫我张老师别叫张院长，否则我听习惯了有一天你们不叫了我不难受死。哈哈哈，我们开怀大笑。

他走上讲台看着自己的画像说：“我不会这么难看吧？”我们继续哄堂大笑。后来张老师又针对同学们的问题，逐一回答。当他讲到他当年在北大，有一年，他的年三十晚饭是在北大门口随便吃了点然后又继续工作。这样的年三十不止一次。他说，没有艰苦卓绝的努力，不可能成功。他始终相信：天道酬勤。他经常分析 EMBA 存在的问题，研究各个竞争对手的情况，思考怎么让光华的 EMBA 在中国始终领先，直逼哈佛。平平常常的话却让我眼眶湿润。这个中国的第一学府，世界名校，他们的领导是这样的勤勉。我有理由相信：北大，离世界数一数二的名校越来越近了。

好光阴应该就是这样吧：未名湖畔，岁月齐眉。一分一秒都过到了心里去，喜悦悦，暖洋洋，不嫌浪费，不嫌有悲有喜有惆怅，在红尘中，不必要活得那样累，为了名、为了利、为了不必要的那些得失而苦恼沮丧，过一种禅意的生活，那才是生活的上品。努力地生活在滚滚红尘中，我将在北大的沃土中慢慢修炼成一枝花。

财务人生

陆正飞教授，北京大学光华管理学院党委书记、副院长、博士生导师。兼任财政部会计准则委员会咨询专家，中国会计学会理事及财务管理专业委员会副主任。虽然他的课比较枯燥，语调又很平和，但他经常引用生活中我们熟知的案例，仔细听倒也颇为有趣。

陆教授讲的《CEO 财务报告与分析》可概括为以下三个部分：

财务报告的若干基本问题部分：能够让读者理解财务报告信息需求与供给的原理，了解财务报告编制的法律和制度基础，并初步熟悉财务报表体系及报表的内容结构。

财务报告的解读部分：既能够让读者明白财务报告中各主要项目按会计准则要求“理应”如何列报，又能够使其意识到财务报告中各主要项目的实际列报可能存在的扭曲或人为操纵。

财务报告的分析部分：能够让读者正确掌握和合理运用财务报告分析的

方法和技术，认识和理解财务报告数据之间的关联性，并借以透视公司财务状况的各个侧面。

我印象最深的就是什么叫作公允价值？你的这个房子用公允价值衡量，你必须要保证能够持续获得相应的信息，比如，我在中关村买了一栋房子，周边还有很多其他的房子，而且经常参加交易我才知道，如果你在一个孤岛上进行交易，你怎么用公允价值衡量？因为你不可能获得公允价值体系，所以就不能用公允价值衡量。

这样公允价值广泛地引入，虽然是有条件的，但它可能带来的潜在影响是利润的波动性因此会增大。也就是说，由于这样的公允价值计量，今天涨出来这一块就是利润，明年跌下来这一块就是亏损，如果市场波动很大就会不断地变化。今年 6 月比去年 6 月同期北京房子一平方米涨了 1 000 元，这样资产价值波动就会比较大，以前是以不变应万变。

确定公允价值对企业来说是相当不容易的事情，你多算人家就说你怎么多算了，你要少算人家就会说你怎么少算，所以算多算少都不行。

只有准确把握财务报告的企业，才能稳健运营。这样企业家的财务人生，才是安全可靠的。

惭愧，曾经心猿意马

北大第十模块的课程是关于《量化决策与变异管理》《中国企业的组织行为》。第一天上课，下属幼儿园老师不断发短信过来请示问题，一个上午就在请示和指示中消磨了，我不知道那个帅帅的王教授在讲些什么。看着一黑板的根号、数字、方程式，云里雾里。下午因为听不懂，我就“骚扰”边上的同学，让身边的同学与我共患难，共同听不懂。最好的办法就是拿事情不断问他，于是我眼睁睁、悲痛、幸灾乐祸地看着王晶同学一下午也没好好听课。

第二天我已经根本不知道王教授在讲什么了，于是拿着《财富周刊》看创投的排行榜。2010 年排名第一是沈南鹏，他扶持了如家、乡村基等很多连锁企业在美国上市，着实让我羡慕。我们企业也是靠连锁与规模取胜，我希望在这条道路上也能得到风投的帮助。

眼看着王教授就要结束他的课程了，我没有听进去一个字，实在对不起这门课，于是硬着头皮听，耳朵里飘进概率、统计、柱状图表，天哪，饶了我吧！对不起王教授，我不是不想听，我是真的听不懂啊！

怀着惭愧的心情，我终于在第三天听进去另一门课《中国企业的组织行为》，梁教授说，股权激励、奖金激励对员工的效果并不明显。员工喜欢明明白白的工资。这个问题本身就极其困扰着我，是否要在企业内部搞股权激励，这下好了，我可以安心地用明明白白的工资把企业做好。员工在太阳底下，喜欢公正、公平的待遇。我们要让他们对自己的工资拿得心服口服。要让员工对规章制度彻底地认同与了解，管理人员的工资直接与利润挂钩，惩罚更能让员工吸取教训。这些观点都大大地启发了我。

好景不长，我刚装了QQ，在第四天又忍不住拿起手机，登录与朋友在QQ里聊天，我觉得独乐乐不如众乐乐，怂恿王晶也装QQ和我一起玩，她不屑地说，这个QQ太娱乐了吧，我要好好听课。我悻悻然地独自玩着QQ，迎来了下课的铃声，迎来了回家的火车。

回家的路上，王晶的短信到了：祝愿你在两年的学习中有所收获。呵呵，这么婉转地批评我不好好听课，够温柔的。我回复：你的短信加剧了我对这几天没好好听课的内疚与痛苦，我为这逝去的四天时光捶胸顿足。

心猿意马的课堂确实让我惭愧，我不可能再读一次北大，不可能再一次聆听北大教授们的教诲。

从此以后，上课关机。

圣诞之夜

我不是一个很会玩的人，以至于没有过过一个圣诞节，直至这次北大上课正逢圣诞节。

我们班的第一组同学给了我们很多惊喜，丰盛的晚餐，有趣的活动，让我们感到很温馨。我被抽到和同学夹着气球比赛跑步的节目和一个成语接龙。中文系毕业的我竟然在长盛不衰、常来常往、长命百岁等普通成语前卡壳，我学猫叫是理所当然。我们班的同学竟然能对出一些生僻的对联着实令人大呼意外。

老武是个幽默风趣的陕西人，圣诞夜，他模仿城市和乡村的狗的不同叫法惟妙惟肖。

“电话传情”的时候，我们班的伟东拼命地拨打电话，希望在这个特别的夜晚传达对妻子的思念。电话几次拨打都是无人接听，把伟东急得不知如何是好。这是，楼超自告奋勇地站出来说：“哥们，我来试试看你家媳妇对不是你的陌生帅哥电话是否感兴趣。”急得伟东跺脚祷告，媳妇啊，你得争气千万别接电话啊。可是电话嘟嘟几声后，伟东媳妇软绵绵的声音进来了：“喂，你好，哪位？”全班同学哄堂大笑，急得楼超直解释：“我是伟东的同学，不是什么坏人。我们想祝你圣诞快乐。”伟东哭笑不得，媳妇啊，你也太不给面子了，我的电话就是不接，陌生男人的陌生号码一拨就接了，看我回去怎么收拾你。

节日之所以是节日，是因为我们赋予了它很多内涵。正如这个圣诞节，因为这帮同学，今夜的欢乐才这么多。

顾盼何曾因戈壁，殷勤终是感知音

北想连沙漠，南思极海涯。才回来一天，我思念茫茫极海涯。

对于身体锻炼，因为杭州小分队修杰队长的激励，我有了半年的坚持，也就是断断续续地走路，基本没有跑过步。仓促间，我们就有了一个戈壁徒步活动。

修杰队长在临行前请大家吃饭，交代再交代，嘱咐再嘱咐。关于装备，我想我是准备充分的。我花了两万元准备装备，带去戈壁的拐杖也是 2 600 元买的，修杰直揶揄你们“真腐败”。我想着我有顶级装备，戈壁对我来说就是坦途。

第一天，40℃的高温，30 公里。我们 11 点从锁阳城出发，途经大墓子母阙。身体不适的我在 15 公里处就已经一瘸一拐了。在队友松斌的陪伴下，又咬牙坚持走了 10 公里。此时已经过去了 8 个小时，下午 7 点了。从太阳高悬到夕阳西下。戈壁的自然之美从来都孕育于宁静之中。大漠孤烟直，长河落日圆。在离终点还有 5 公里的地方，我还是成了北大最后的队员。

旭辉大哥这时候扛着北大光华的大旗从天而降，不由分说拽着我的胳膊就往前走，他说，跟上我，一起走。他拽着我走完最后 5 公里，到了营地已经是晚上 8 点多了。夕阳最后落下去了，云山与夜色融为一体，分不清是山和天空投入了夜的怀抱，还是黑夜闯进了山与天的世界。依旧清晰的是那巨幅壮观的大自然画面，依然清凉的是山那边吹来的呼啦啦的大风。而此时我才知道，旭辉大哥他有肌腱炎，每走一步都是钻心的疼。

第二天，32 公里。我们先欢送 A 队队友开始竞赛。看着北大光华的 10 位勇士，听着耳边北大光华，光耀中华的口号响彻大漠，我的眼泪夺眶而出。我和着同学们的口号不断呼喊，北大光华，光耀中华！北大光华，光耀中华！咸咸的泪水流了满脸，A 队队友，他们一年来受了多少苦，受了多少伤，我们都懂、都记得。他们为了北大，为了荣誉，忍着剧痛，打着封闭针一直在坚持。我走过双墩子，昆仑障，虽有八级大风吹的人东倒西歪，可想着 A 队队友，依然热血澎湃。经过大片骆驼刺时，我一不小心被割破皮肤，而泥泞的小路高低不平更增加了我脚上的疼痛。南岳哥和杨哥不断给我加油鼓气，这一天我走了 10 个多小时，回到营地已经是满脚的水泡。

第三天，36 公里，我们走过了清澈的苏勒河，一望无际的风车阵，漫漫黄沙，沙尘飞扬。高温酷暑下，幸好有杨哥的陪伴和鼓励。最后 10 公里，我身体已经到了极限，我觉得已经没有一丝的力气可以让我走到终点，我求杨哥放弃我，我说你陪 KiKi 就好，不要管我。杨哥说，一个也不能落下。

于是杨哥和任翔轮流连拖带拽着我和 KiKi，而最后三公里我又没水了，脚上的水泡估计是发炎了，每走一步就像受刑。任翔用红旗的旗杆拖着我，我每走一步惨叫一声。当我们四人一起冲线到达终点的时候，医生立马给我和 KiKi 上氧气，喝葡萄糖补充能量。队医挑着我的水泡，疼得我再一次大喊大叫。

躺在营地上的帐篷里，没有一丝力气去喝明天路上的水，只能望着满天繁星想念路上的小花。这一天，我整个人开始水肿。

戈壁滩上那紫色的小花，随风摇曳。小花小花，你在，多么好。一袭花香的风里，我期盼绽放的倾城。人生漫漫，戈壁的苍茫注定是一抹蓝色的悲壮。而我们，依着时光的河流边走边忘，却再也忘不了这紫色小花开在风沙里的倔强。

踏歌而行， 一个人是诗，两个人是画。总有一些陪伴，无言，也暖。总有一些风景，怎么看都不够。或许，人生的路并不好走。但是因为有缘的戈壁，而生出缕缕美好的希冀。若你迎着阳光，坚定地走过，定会看见点点盎然绿意，瞬间沾满衣襟、眉梢。

第四天，22 公里。一路的爬坡到达广显驿。茫茫黑戈壁，姗姗和松斌边推边拽陪我走完 17 公里。路上遇到了李捷和杨哥。我拽着李捷走了 2 公里，杨哥接了过去。身体到了极限的我，拽着杨哥，和李捷、国霞、曙峰、素真一起冲线。

躺在北大光华的大帐篷里，摸着手里的戈壁勋章，回忆起一路走来帮助过我的人，眼泪无声地流下。这个夏天，我需要，在荷花未落之前，采下所有的荷香，晾干。铺满我将要用一生走完的悠悠小径。因为，待到秋霜满枝，所有的荷花，都会安静地老去，就如我们生命中来来往往的人群，终有一天会渐次遗忘，直至无迹可循。可是，你们，杨哥，松斌，却会在我心里蓬勃生长，昔日余年，温暖着我每一个受伤的日子。

稚圭伦鉴未精通，只把蛙声鼓吹同。君听月明人静夜，肯饶天籁与松风。我坚守一池荷香，看一看繁花满天，听一听蛙声悠扬。托清风捎信，听檐下风铃，摇曳出戈壁的相扶相携，忽然就忘记了最痛的过往。

前世今生里，刻着刀伤，蓦然惊觉，又是深夜清风凉。我寂静，安然，渐渐习惯了在风雨中，让自己坚强。

应笑随阳沙漠雁，洞庭烟暖又思归。戈壁戈壁，你在我的心坎上。

营销组织与业务

秦毅老师是北京大学企业家研究中心销售管理专项顾问，他写的《营销组织与业务》深入浅出地讲了营销的几大基础理论。秦毅老师指出一个行业决定了其大致的利润。一家企业建设一支销售队伍分成五步：营销组织和薪酬设计——市场人员的筛选——系统培训和激励——日常管理和控制——市场规划与客户管理。而一家企业营销工作没有做好不外乎出现八大问题：客户研究不足，市场划分不合理，流程分工不清晰，薪酬倾向走偏，日常管理失控，管理层失信于民，队伍培训欠佳，综合激励缺乏。

秦毅老师指出，每年的销售目标要有层次，每个层次的奖励要分开，节节拔高，先自己报，报低了单独谈话。营销队伍建设的流程是筛选入用，系统培训，薪酬考核，过程监管，客户信息收集，收发货品及欠费追收。

营销分为效能型和效率型。效能型的销售要管得松，这种销售接触周期长，金额大，讲究的是敲开门，做对事。这种销售要注重关键环节，了解背景，展示引导，建立信任，超越对手，服务跟踪。这种销售要求领导要包容个性，激发创造。团队销售和整体配合，张弛有度，引导自我觉悟，长线稳定，主张高底薪，低奖金。效能型的销售人才要聪明，关系能力强，专业要求高，有较长销售经历的人，形象气质也要好。

效率型的销售要管得紧，注重细节的固化，分解销售步骤，塑造强势销售的氛围，喊口号是很好的方式。灌输只要看到人在动，就像看到效能在动的气氛。最好有操作手册，固化模式，多加培训。效率型的人才要具有吃苦耐劳，团结自律的特点。

我们招聘人只是解决了一个人的基本观念素质，而培训这一环完全没有做好，因此技能没有很好的提升。教企鹅爬树，不如找只猴子来爬树，培训很有限。我们不能错过一些销售人才：销售人才往往喜欢说话，有亲和力，爱激动，没感动客户之前他自己先感动了。抑郁多才，思维有时显得怪异，争强好胜，狂热于工作或学习，待人处事开合自如，豪爽干练，敢于投入。

那么如何有效控制销售队伍呢？四把钢钩：管理表单，销售例会，工作述职单独谈话，随访跟踪。谈话要注意：事实数据入手，打破砂锅问到底，明确下一步的具体计划，取得对方承诺并观察跟踪辅导。对员工技能训练的六大步骤：说给你听，做给你看，你做我看，重点突破，整合练习，养成习惯。

鼓声决定队伍速度，管理决定团队效率。

战略成本与绩效管理

北大请了福克斯商学院的班克教授来给我们授课，他毕业于哈佛大学，是个很严谨的美籍印度人，他倡导的平衡计分卡在绩效管理上很有用处。平衡计分卡被《哈佛商业评论》评为75年来最具影响力的管理学，它打破了传统的单一使用财务指标衡量业绩的方法。在财务指标的基础上加入了未来驱动因素，即客户因素、内部经营管理过程和员工的学习成长。他说绩效考核要牢牢以战略为核心，战略要处处体现在计分卡上。

平衡计分卡的核心思想就是通过财务、客户、内部流程及学习与发展四个方面的指标之间的相互驱动的因果关系展现组织的战略轨迹，实现绩效考核——绩效改进以及战略实施——战略修正的战略目标过程。它把绩效考核的地位上升到组织的战略层面，使之成为组织战略的实施工具。

平衡计分卡方法的引入改变了企业以往只关注财务指标的考核体系的缺陷，仅关注财务指标会使企业过分关注一些短期行为而牺牲一些长期利益，比如员工的培养和开发、客户关系的开拓和维护等。平衡计分卡最大的优点在于它从企业的四个方面建立起衡量体系：财务、客户、业务管理和人员的培养和开发。这四个方面是相互联系、相互影响的，其他三类指标的实现，最终保证了财务指标的实现。同时平衡计分卡方法下设立的考核指标既包括对过去业绩的考核，也包括对未来业绩的考核。

如何实施平衡计分卡，可以分为以下几个步骤：

（1）定义远景；

（2）设定长期目标（时间范围为 3 年）；

（3）描述当前的形势；

（4）描述将要采取的战略计划；

（5）为不同的体系和测量程序定义参数。

在构造公司的平衡计分卡时，高层管理人员强调保持各方面平衡的重要性。为了达到该目的，可口可乐瑞典饮料公司使用的是一种循序渐进的方法，具体以下三个步骤：

第一步，阐明与战略计划相关的财务措施，然后以这些措施为基础，设定财务目标并且确定为实现这些目标而应当采取的适当行动。

第二步，在客户和消费者方面重复该过程，在此阶段，注重的问题是“如果我们打算完成我们的财务目标，我们的客户必须怎样看待我们”？

第三步，公司明确向客户和消费者转移价值所必需的内部过程，然后公司管理层问自己的问题是：自己是否具备足够的创新精神？自己是否愿意为了公司以一种合适的方式发展和变革？经过上述过程，公司为了确保各个方面达到平衡，并且所有的参数和行动都能向同一个方向变化，公司决定在各方面达到完全平衡之前有必要把不同的步骤再重复几次。

将平衡计分卡的概念分解到每个员工的层面上很关键。在可口可乐瑞典饮料公司，重要的一点是，只依靠那些个人能够影响的计量因素来评估个人业绩。这样做的目的是通过测量与他的具体职责相关联的一系列确定目标来考察他的业绩，根据员工在几个指标上的得分而建立奖金制度，从而保证公司控制或者聚焦于各种战略计划上。

平衡计分卡不仅是一种管理手段，也体现了一种管理思想：

（1）只有量化的指标才是可以考核的；必须将要考核的指标进行量化。

（2）组织愿景的达成要考核多方面的指标，不仅包括财务要素，还应包括客户、业务流程、学习与成长。自平衡计分卡方法提出之后，其对企业全方位的考核及关注企业长远发展的观念受到学术界与企业界的极大重视，许多企业尝试引入平衡计分卡作为企业管理的工具。

实施平衡计分卡的管理方法主要有以下优点：

（1）克服财务评估方法的短期行为；

（2）使整个组织行动一致，服务于战略目标；

（3）能有效地将组织的战略转化为组织各层的绩效指标和行动；

（4）有助于各级员工对组织目标和战略的沟通和理解；

（5）有利于组织和员工的学习成长和核心能力的培养；

（6）实现组织长远发展；

（7）通过实施 BSC，提高组织整体管理水平。

课堂上用同声翻译听课，很辛苦。耳朵后来就嗡嗡叫了，后两天也不知道听什么了。不过能记住这个平衡计分卡，也很值得了。

关于博弈

今天，写这篇文章，我的心中满是沉重。商业谈判中，我输给了自己。我对人性研究不足，博弈的过程中，我把对手都想成了贪小便宜的人，想用小利益去获取谈判的筹码，结果被无情地驱逐。

我想起课堂上做过的一个游戏：1 ～ 99，你写下一个最接近他们中的 2/3 的数为胜。我想他们的中间数是 50，50 的 2/3 是 32，结果大部分同学都和我想的一样，大家都写 32 左右的数，只有两位同学写了 32 的 2/3。我们做任何事情要考虑他人的思维，他们怎么想，而不是我怎么想。这个社会，是人与人之间的组合，想他人所想也就是知彼，才能制胜。

博弈的过程是彼此心理的较量，蔡院长接着又让我们做了一个拍卖的游戏，彼此先看看自己的钱包有多少钱，然后报一两个人钱的总和，越接近的为胜，这时，同学们都在揣摩对方的心思。这个会察言观色的人胜算就多了很多。

商业社会是“弱肉强食”的。不要把伤疤揭给他人看，免得他人抓住你的伤疤在博弈的过程中狠狠给你一击。拍卖会上的博弈是刀光剑影的搏杀，而生活中，无处不在的攻与守，需要很大的智慧。凡行事须知规律和趋势，趋势研究清楚了，定力就成了输赢的关键。那些趋势搞不清楚，行动又慌慌张张的怎么能赢？

蔡院长把博弈说的那么平和，他那风度翩翩的身影，要承载一个商学院的命运。我对他的敬意油然而生，我想起他对媒体说的：就我个人，我永远达不到前两任院长的高度，可是北大却依旧要进步，绝不把商学院办成企业家俱乐部，我们要办有大学气质的商学院。我是不是可以说，他在博弈的过程中找到了北大的定位，找到了北大的特色，而这些特色，任何商学院都学不来。

学习蔡院长，定力十足，不说不辩解，只做。世间本无偏颇，你有皑皑暮雪，我有千树滴血。渡口千重，不问何处停泊。真正地懂得，不必相邀，也不必引导。如果懂得，无声无息，恰似雪月最相宜。

你是我心中的明月

突然这一刻，我在想念谁？我想念北大，想念那个月圆之夜的北大校园。月色清阴曲院凉，蟾光寒水旧池塘。醉人何处晚花香？嫦娥遥遥弄广袖，鹤影绢娟动霓裳。梦魂归处是潇湘。

中秋，圆月，在北京欢度。班级男同学假扮女同学，夸张，搞笑，把我们乐的眼泪都出来了。我代表我们六组演唱了《雁儿在林梢》，表达我对北大，对同学们的虔诚的爱。

我们一起高唱，一起吃蛋糕。张教授说：你们来自千里之外的上海，我在北京总部无时无刻不在牵挂千里之外的你们。你们辛苦，你们勤奋，你们优秀，北大感谢你们，北大需要你们。相信北大，会给上海一个满意的答卷，我们会加强北大在上海的宣传力度，加强北大上海班的同学质量，让同学们更好地成长。北大光华一直遥遥领先国内其他商学院的教育，我们会一直领先下去。希望今后福布斯 100 强中，能有在座的人的名字。那是你的骄傲，也是北大的骄傲。

敬爱的张老师，我们敬爱的张老师，我分明感受到了你眼中隐含的泪花。

为什么我的眼中饱含泪水？那是因为我对你爱的深沉。

岁月流转，明月千里来相照，一片冰心在玉壶。

第三章

屡败屡战，破茧成蝶

梦想，可以天花乱坠，理想，是我们一步一个
脚印踩出来的坎坷道路。

——三毛

服装店，每个女孩的梦

拥有一家属于自己的服装店是许多女孩子的梦想，是的，这个梦想我也有。当年我还是一名18岁的大学生，就开始规划着创办一家服装店了。在我看来，青春本就应该有舍我其谁的霸气，对待梦想，更应该有不破楼兰终不还的决心。

那时候我刚来上海，激情满怀，在开启大学生活之余，也把创办服装店这件事提上了日程。针对“卖什么样的衣服”这件事，我当时着实下了一番功夫去思考，最终选定了一个上海的品牌，还装作很老练的样子去该品牌的公司进行实地考察。

我记得那个品牌公司地址在闵行，而我因为刚到上海不久，对上海很不熟悉，因此乘坐地铁来到莘庄站后，在周围绕了很久才找到了它们公司。

初到它们公司，本来装得非常老练的我却一下子被卸掉了伪装，因为这家公司的气派程度远远超出了我的想象，令我非常震撼。

偌大的展示厅摆放着各种各样的时装，优雅的办公室里面，画着精致妆

容的上海白领们在处理着自己的工作，还有络绎不绝、穿着体面的商务人士在前台问询……

虽然我高一就开始自己做点小买卖，也算有点儿经验，但是见到这家公司陈列的靓丽服饰、颇具匠心的雅致装饰还有忙碌精致的职场丽人，我突然感到有一点儿自惭形秽——这种感觉，还是第一次这么真切。

在杭州的姨妈家，看到她家的庭院和装修，我只是羡慕和惊讶，而这一次见到一家非常有实力的公司，我突然觉得自己这个小小的个体户根本上不了台面——说是震撼，其实更确切地说，是我有些怯场了。

简单地与公司的前台说明来意，很快就有一名笑容亲切的小女生过来接待我，年龄似乎也就二十出头，比当时的我大不了多少。

“您好，欢迎光临，我是欧诺亚负责加盟事务的小丽，这是我们的加盟细则请过目。”她把一本精美的画册递给了我，并连忙给我沏了一杯热腾腾的茶。

我像小鸡啄米一样地点头接过画册，但没有细看，毕竟这家公司华丽的对外形象已经先入为主地占据了我的内心，当时我一厢情愿地认为，只要交了钱，我就可以成为这群优雅白领中的一员，并且在卖衣服的过程中，顺便就把自己穿衣服的钱省了——当时还是一名生意菜鸟的我，心思是这样天真烂漫。

几乎没有再考虑太多，我便痛快地交了 3 万元钱加盟费——这些钱已经占了我全部资金的三成，但当时的我实在太过青涩，根本没有想到这个方面。

交过加盟费，那家公司还承诺我，会教我如何做销售、如何推广服装品牌。但我当时也没有太在意，只想着把他们公司当作进货渠道。我理所当然地认为，做服装不就是进货卖货吗？这应该是一件再简单不过的事情。

欧诺亚这个品牌走的是时尚高端的职业白领风格，这很符合当年我对职业女性“职业、高端、上档次”的理解。

“要的就是这个范儿！”签订合同时，我欢快地想，脑子里已经开始幻想衣服被疯抢的画面。

之后我便马不停蹄地回到我的家乡金华。通过朋友介绍，我认识了当地银泰百货的招商部主管，并借助这层关系，我很顺利地拿到了商场上位置比较好的店铺，很快就把欧诺亚的品牌引进了银泰百货。

从加盟、联系店铺，再到装修开业，我用了不到一个月的时间。我当时非常理想化地规划着我的服装事业：只要招聘一个售货员卖货，和银泰百货每个月结账一次，然后我就躺着数钱就可以了！——我依然可以回我的学校继续学业，实现赚钱、学业两不误。

而现实情况是，招聘售货员真的不难，但是她卖货就难了。

一个月过去了，我的营业额只有5 000元。银泰百货发来了严重警告：在每个月的业绩排名中，我加盟经营的欧诺亚品牌是倒数第一名。

银泰百货派人通知我，如果连续三个月业绩排名倒数第一名，他们就会换掉品牌。这时候我才感受到了巨大的压力，每个周末都往商场跑。

为了延续我的服装梦想，我成了一个每到周末就自己卖衣服的女孩。经过两周在一线销售服装，我很快就发现：五折的衣服压根儿卖不动，除非你打三折才会有顾客乐意过来购买。

可是当时那一批服装我是五折进货的，我陷入了两难的境地。五折的衣服，卖不出去，三折的衣服，每多卖一件就多亏几百元。

当初，我用十万元钱开启了我的服装梦想，去掉加盟费三万元，装修费一万元还有银泰百货保证金两万元，我进了四万元的货。最终，我为了不被银泰百货撤柜，选择降价，将衣服以三折销售。于是卖一件亏一件。

望着我越努力银行存款越少的数字，我懊恼极了。同时我还要在上海和金华两地奔波，很快我就身心俱疲。但是，接着又发生了一件更加扰人的事。

那是夏日周末的一个夜晚，我同往常一样，和售货员一起销售服装。这时候店里走进来一位 40 岁左右的中年妇女，我们急忙起身相迎。

这位中年妇女非常挑剔，在试穿了店里所有的衣服以后，还没有下单的意思，她扭过头来，漫不经心地问道："还是有点儿贵，要不，再给个折扣？"

我已经在边上忍受了她很长时间，连日来累积的情绪终于爆发，我于是走过去一把夺过衣服，对她大声说："不还价，要不你就别买了！"

那中年妇女也不是个善茬儿，她勃然大怒，把衣服摔在地上并推了我一把。我本能地避让后，脑子顿时一热，也使劲地把她往店门外推，场面非常混乱。

商场里的保安闻讯赶来，急忙把我们拉开，经过好一番的安抚，终于稳住了当时的局面。事情当然不会简单地结束，因为这次打架，我受到了银泰百货的处罚，说我态度不好、不尊重客户。

当时我感觉自己委屈极了，客户打了我一耳光，衣服也没卖成，我还受到处罚。心情坏到了极点的我，之后足有两个月没再去银泰，而这样的后果无疑也是极其严重的——又过了一个月，我的本金全部亏光，已经无法支持在银泰百货的周转，同时，银泰百货方面也给我下了"清退令"，要求我的品牌必须退出商场。

事情已经过去很多年了，如今回想起来，一个人行走江湖，一定要控制好自己的情绪。也不要因为一个节点出现问题，就把负面情绪带到其他的环节。情绪管理是一种能力，需要循序渐进才能养成坦然自若，宠辱不惊。在商海博弈多年以后，我才逐渐做到了面对任何困难，都先冷处理，而不是冲动行事。

退出银泰百货后，我手里还积压了不少存货，正在我一筹莫展的时候，浙江丽水商场向我招商，希望我把欧诺亚的品牌进驻到丽水商场。我并不知道不好的商场都有招商任务，也压根没有考虑一个城市的消费能力和商场的地理位置。

我一听到对方招商的消息，只觉得希望的火苗重新燃起，以为捡了一个大便宜。完全一副赌徒心态的我，又向亲友借了 10 万元，之后就进驻了丽水商场。

“金华做不起来，或许丽水能翻本呢？”尽管刚刚在银泰百货折戟，但我依旧非常乐观。

丽水离金华需要两个小时的车程，距离上海更加遥远了。起初在金华开店，我只有周末才有时间去打理，而在丽水开店，我两个月才能过去一次。

最关键的是，丽水经济水平还没有金华好，导致衣服的销量更加低迷，每个月的销售额只有几千元。就这样又支撑了半年，我匆匆撤柜了，连一万元押金也没有要回来。

不到一年的时间，我亏了整整 20 万元。不仅我在高中三年积累的 10 万元全没有了，还欠了 10 万元的债务。这是我第一次生意失败——空有一腔热情，最终头破血流。

我以为不需要花多少精力的服装店生意，事实上有太多的细节，太多的影响因素需要全面考虑。场地我没有精选，品牌我没有深入研究、产品我理解不够，也没有销售技巧，甚至连情绪管理能力也没有。

我终于明白，没有一样生意是可以轻轻松松就能盈利的，加盟扶持有时只是幌子，商场的宣传有时会对人流量与消费者的消费能力夸大其词。

我后来反思这段创业经历，发现自己根本不知道欧诺亚品牌在大众中的影响力和认可度，只是想当然地因为自己喜欢职业范儿，就以为职业范儿一定会畅销，而现实是顾客并不认可欧诺亚的设计理念，从而导致服装滞销。

第一次创业失败后，我沉沦了好几个月，天天追韩剧麻痹自己。桌面上、电脑旁，紫色勿忘我有些枯萎，凝视着花蕾，听着周传雄的《关不上的窗》，石梅的《错过的情人》，我是心门上了锁的一扇窗，任寒风来来去去关不上。

我的心中总是憋着一股气，它时刻提醒我不能倒下，不能倒下。我不能因为一次失败就裹足不前。进入新的一年后，我重新调整好了状态，踏上了新的征程。

破碎的镜框厂

大学室友的男朋友是中国美院国画系的老师，因为有了这么一层关系，我们宿舍这些女孩经常会去杭州，去看室友男朋友画的画，逛一些画展。

室友的男朋友叫东东，2005 年的时候，这个男孩对我和我室友发起了一个号召，我们一起做个镜框厂吧。

记得当时东东是这么跟我们介绍的，他说："我们去裱画的时候，一般会用那种四四方方、有棱有角的镜框，这种镜框中规中矩，并不是很美观。而我的一个朋友可以做一种弧形的镜框，这在市面上非常少见，裱画的美观度也可以大幅提升，如果可以批量制作、售卖，一定可以让我们一炮走红，大赚特赚。"

我生来就是那种听见有商机立马眼睛发亮的人，于是连忙问道："这个镜框厂投资多少？我可已经没什么钱了。"

"总投资 50 万元而已，你入股吗？如果钱筹得快，我们在杭州萧山找个厂房。”东东见我询问，立即开口回答，那语气，似乎只要钱一投进去，利润就会滚滚而来。

虽然我还是犹豫了一阵子，但是最终还是出于对东东的信任，我决定入股这家镜框厂。那时候，我刚从经营服装店的失败中走出来，身上还背负着10万元的债务，比一文不名的人还要穷。

“到哪再去筹借10万元呢？”我想到了在杭州的姨妈，实际上，先前运作服装店的10万元也是跟她借的。虽然我非常不好意思，但是想着东东的自信神情，我觉得这家镜框厂还有很大概率赚钱，于是凭着我的三寸不烂之舌又从姨妈那里借了10万元。

“这可是我的身家性命啊！镜框厂能行吗？”当我拿着借来的10万元钱给东东时，我再次郑重地问他。这一次投资，我的心情不再如开服装店时那般激昂，而是多出了不少踌躇。

“能行，并且能大赚！”东东信誓旦旦地对我说，我至今还记得他接过我手里的钱时，眼中露出的自信与憧憬——多像一年前，我在欧诺亚公司签订加盟合同时的样子。我被当时东东踌躇满志的样子触动，那最后一丝的疑虑也被打消了。

之后，东东又找了一位朋友，最终把建厂的启动资金顺利凑齐，经过一个月的筹备，我们的镜框厂便轰轰烈烈地开始了运营。

当时的股权比例是这样的：东东的朋友占了50%的股份，东东和我室友一起（因为当时两人是情侣关系）占30%，我占20%。虽然我的股份最少，但是镜框厂的命名权当时却交到了我的手里，于是我绞尽脑汁，最终取了一个好听的名字：火狐狸。

一年前，我是一名每个周末都跑去商场卖服装的女孩；一年后，我开始每个周末都往杭州跑，去监督那里的工厂工人们生产镜框。是啊，我本就是个闲不住的人，即使第一次开服装店伤得很深，但我依旧在创业的路上。

那位股份占了大头的吴师傅，他跟东东是朋友，同时也是手艺人，对于镜框的制作工艺比较熟悉，平时都是他在管理厂子、制作镜框。

我第一次去到镜框厂时，还是非常满意的：偌大的厂房井然有序地按工序一道一道的分工，一个圆形的镜框被制作出来要经过十道工序，所有的工人都井然有序地在机器旁边忙碌着。尽管锯末车间灰尘满天，油漆车间刺鼻的油漆味使我睁不开眼睛，但是一想到不久之后，这些做出来的镜框就可以源源不断地给自己带来财富，我的心里还是美滋滋的。

事情的变数发生在开厂之后的第三个月，那一天，也是我第三次来到厂房，这一次接待我的不是那位吴师傅，而是一名 50 多岁的男人。

这个年纪并不算特别大的男人却已经是满脸皱纹，身上带着浓重的油漆味，他开口问我："您找谁？"

"我找吴师傅，你们的老板。"我回答，工人们并不知道我是这里的小老板，我也就没特别提，而是直接询问吴师傅的情况。

"吴师傅有两个月没来了，他在武汉老家，你打电话给他吧。"那中年男子挠了挠后脑勺，无可奈何地说，似乎他也因为许久没见吴师傅而着急。

"好的、好的，我下次再来。"带着遗憾，我悻悻而回。

问询、未归；问询、未归。这样的对话持续了好几个周末，时间一晃儿，竟然已经快过了半年时间。

也就是说，这位大股东吴师傅已经半年没有来过工厂，没在工人和我们这几个股东面前露面了。

我开始感到焦虑，不仅因为看不见吴师傅的人影，还因为每次来到工厂，我的注意力都会不自觉地投向厂房里堆积如山的镜框。

“怎么感觉这些镜框只是被制作出来，却根本没有对外销售呢？”产生这样的疑惑后，我顿时心头一沉。

不过还好，当时虽然找不到吴师傅，但是我和东东还有联系，于是在又一次问询吴师傅无果后，我非常着急地跑去质问东东。

“你的朋友靠谱吗？他作为大股东怎么工厂一点儿也不管！”我愤怒地质问。东东一脸无奈，当着我的面一遍一遍地给吴师傅打电话，最后终于打通了。电话里，传来了吴师傅略显悲怆的声音，东东直奔主题，想知道吴师傅何时可以回到杭州的工厂主持大局，而另一边，吴师傅说他老婆生了重病，需要他在身边照顾，所以一时半会不可能回来。

老婆重病，难以脱身。从吴师傅的语气里，我可以听出他的无奈和心酸，倒不像是作假。这样的情况下，我们其他几个股东确实不应该强逼着人家回来。

但火狐狸工厂的问题也变得更加棘手了。我和东东，还有我的室友，三个人根本不懂技术，至于镜框的销售，也完全没有经验，面对积压的镜框一筹莫展。我们太依赖吴师傅了，觉得他是持股超过 50% 的大股东，一定能把工厂带好。结果，吴师傅这边出了问题，我们就像热锅上的蚂蚁只会团团转，却不知道怎么办。

当时最难办的事情无疑是销售镜框了，唯有先卖掉一部分镜框，工厂才能继续维持。而东东却放不下面子去做销售，不想自己跑腿去画廊销售镜框，至于我的室友，本来就把开厂的事情交给了东东，自然不会担负起销售镜框的责任。

既然其他股东都退缩了，那就只有我上阵了。我专门印了名片还有镜框的画册，开始利用课余时间在杭州市区一家一家地找画廊销售。第一个周末，我忙乎了一整天，跑了十几家画廊，结果一个镜框也没有卖出去！那些画廊的老板一看做销售的是一名小姑娘，压根不把我看在眼里，又一听我们制作的镜框价格是寻常镜框价格的两倍，立刻没了兴趣。

是的，不管是先前卖衣服，还是现在卖镜框，买家都只关注性价比，真实的商海江湖就是这么残酷。

在镜框的销售上，我又一次选择了降价，心有不甘，又能如何呢？没有过硬的品牌加持，只能通过低价取胜了。我把弧形的镜框价格降到和有棱角的镜框价格一样，这样情况终于有了好转，陆续有画廊开始下单，勉强卖出去了几百个镜框。

虽然有了一些现金流，但是因为销售价格很低，利润实在太薄，这些钱还不足以支撑整个工厂的经营。

如今想来，我当时的思维很有局限性。比如，我在销售镜框时，目标客户仅仅盯牢了画廊，没有想到应该去找那些对镜框有大批量需求的客户，例如一些大型画展的布展商、给画廊供应作品的上游承包商、宾馆酒店等。

所谓“当局者迷，旁观者清”，人一旦有了局限性很可能就此执迷，怎么也突破不出来。最后，看着半死不活的镜框厂，我们只是大眼瞪小眼的愁眉苦脸。

又拖了大半年，我终于决心退出。我对东东说：“我觉得你和我都不可能把这个镜框厂带好，要不我们散了吧！”当时，除了东东和我，我的室友也在场，她很不好意思，跟我连连道歉，说是她把我拉下了水。

“没关系，没关系，你们自己也赔了不少。”我对室友和东东说。可是我却肉疼不已，因为这是我第三次失败了，负债金额在持续扩大。与东东和室友分开后，我第一时间去了姨妈家，一进她的家门，我便非常沮丧地对我姨妈说："我借您的 20 万元或许要过几年才能还，还没说完我就放声大哭起来。"

"没关系，没关系，我们不等着钱用，你不要难过。"姨妈反复地安慰我，可我能清楚地看到姨妈那失望的眼神，我想我是再也没有勇气第三次开口向她借钱了。

公司破产清算的时候，我们几个股东仅仅分了几百个镜框。当我把这些镜框运回家里的时候，脑子里只想着一件事：怎样才能把这价值 5 万元的镜框变废为宝呢？我的脑子一片混乱，坐在镜框旁，苦思冥想了许久……

卖画卖的是人情

在销售镜框的过程中，我认识了几个画廊的老板，并和其中一个叫芳的女孩成为好朋友。

镜框厂破产清算后，我在某一天与芳会面时，向她诉说了自己的苦闷和创业的失败。当时倒也没有想太多，只想着找个人说说话，排解一下郁闷的情绪，另外，就是看看芳能否再帮我找找出路，销掉我手里积压的镜框。

芳倒是非常热心，当时她一个劲地安慰我："你还想继续创业吗？还是打算处理好镜框就收手不做先把学业完成呢？"

"想，当然想！我还欠着我姨妈 20 万元呢。"听到芳这么一问，我的心头一痛，但立即毫不迟疑地回应。

我相信，那时候的芳一定可以感受到我矢志不渝的决心，她想了想，再次开口对我说道："我知道你没有本钱了，这样吧，您把我画廊的画拿过去卖，卖了再给我本金，或者你介绍客户来，他们买了我的画之后，我和你分成。"

我喜出望外，没有本金的生意对当时的我来说是求之不得呀。

芳的画廊里有吴山明的画，何水法的画。这些都是全国赫赫有名的大画家的画，每平方尺的价格可以卖到 3 万元以上，一幅四平尺画的价格就可以卖到十几万元。

普通人根本消费不起如此名贵的画，有钱人如果没有对中国画的兴趣也不会购买，我又该如何把这些寸尺寸金的名画卖给合适的人呢？夜深人静的时候，我躺在床上辗转反侧。

我思前想后，发现自己所认识的成功人士只有我姨妈，恐怕也只有她才有那个经济实力购买画廊里的名画了。

“唉，看来要想和芳合作，也只有把画卖给姨妈了。”我反复自言自语似乎是要说服我自己，姨妈会不会认为我杀熟呢？我的心里忐忑不安。

又是一个周末，当我再次拜访姨妈时，我开始向她普及一些中国画的投资知识。

“姨妈，姨妈，名家画作是可以保值、增值的，钱拿在手里是要贬值的。”

“一些大画家的作品，可以随着画家年纪的增长而变得越来越贵重。”

“何水法，吴山明，这两位都是国内著名的画家，他们的作品这些年来一直都是水涨船高。”

这些话，我不知对姨妈说了多少遍。一开始，姨妈根本没有理睬我，只是“嗯嗯”“哦哦”地敷衍几句。但是随着我一来二去不断介绍，她逐渐开始关注中国画的投资了。又过了一段时间，我发现姨妈逐渐认可了名画可以保值升值的理念了，听我介绍时的时候听得越来越用心。有一天，我与姨妈聊天的时候她问我：“你和我讲买画投资，那么买谁的画呢？去哪买呢？”

姨妈这一问，我心中打翻了一个五味瓶，有些激动，有些踌躇。一直以来，姨妈对我都很好，不仅每次我到她家都会受到热情的接待，更在我需要用钱的时候，第一时间向我伸出了援手。而现在，我为了赚钱，为了获得画廊的佣金，可能又要她破费了。“我有一个好朋友是开画廊的，她那里有何水法、吴山明的画。正常来说，一幅作品要一平方尺 3 万元。”我平静了一下思绪向姨妈介绍。

“这个画廊的老板是我很好的朋友，我相信她拿到的画，一是可以保证都是真品；二是价格要比市场上的行情更低，一平方尺只要 2.5 万元。”看姨妈似乎有了购买意向，我心里乐开了花。那一天，姨妈最终同意和我一起去画廊看画，而我在路上，穷尽了我所有的关于品画、鉴画的知识，跟姨妈侃侃而谈。

画从来都有低级的“摹”和高级的“写”的分别，作为国画人物画家，借用西画里头的现实主义造型手段把形象抠得越是逼真越不容易，平常人几乎不敢采用西式的虚实对比方法的使用，但是画家吴山明做到了。他不仅表露出具有博采众长的涵养，而且有一种与别人拉开画风的力量在支配其生命，所以，独特的画家，他的作品才更有价值。

何水法的作品又价值何在呢？他始终以水、墨、线、点、色，在有意无意之间，若即若离之中营造着一种清丽的境界与氛围，满纸洋溢着含蓄、朗润、温馨的书卷气与文化意蕴。因此，这样的花鸟画，已经超越了“花鸟画”自身的定位，它承担了一种精神内容，地老天荒，美人迟暮，看何水法的画才能感觉到时间的停顿与美好。

“雅歌，没想到你对中国画的鉴赏能力这么高。”姨妈赞扬了我一句。

“啊，是的，我对中国画还是蛮有兴趣的，可惜还没有能力去购买这些大家的作品。”面对姨妈的赞美，我脸上一红，急忙缩了缩脑袋，不敢再说太多了。

那一次去画廊，姨妈并没有第一时间下单。但是之后，姨妈似乎真的变成了一名中国画的爱好者，频繁地参观各类画展，甚至成了芳所在画廊的常客。

也许姨妈是因为亲戚的原因信任我，又或许经过我日复一日的介绍，真的激发出了姨妈的兴趣，在又拜访了几次画廊之后，她一共在芳那里买了价值40万元的画，而芳给了我5万元的佣金。

买画收藏画，这是要有一定资产的人才会做的事。而我身边再也没有其他亲戚朋友具备这样的经济实力，我也再也没有卖出去过任何一幅画。

半年后，我把芳分给我的5万元还给了姨妈，谎称是我做家教补课赚来的。我的心里非常内疚，觉得我不应该赚姨妈的钱。

卖画使我认清了自己。从那以后，我甚至不敢去接触直销有关的生意，很多同学都在卖安利、玫琳凯，我都不敢去碰，我发现去赚亲戚熟人的钱，内心没法安宁。

作为一名打拼多年的创业者，我也陆续认识了不少各行各业的企业家，他们其中很多人都做得非常成功，而在和他们闲聊的过程中，我也了解到不少人的第一个订单，第一桶金，一般都是依靠向熟人推销而获得的。

向姨妈卖画，我是无奈之举，经历了一番艰难的心理斗争。通过这件事，我也学会了向熟人开口，说得实在一点儿，就是我更可以放下面子了。在往后的日子里，我不管卖什么产品，都会很有勇气地敲开客户的门，对他说："嗨，你好呀，我这么棒的产品是你需要的吗？"

祸兮福之所倚，福兮祸之所伏。当你失去一些东西的时候，你会开始不断地反思自己，我为什么会失败？我渐渐懂得，去做一件自己完全不熟悉的事情，失败的可能性非常大，我要去做自己擅长的事情，而我擅长的事情就是教育。

培训公司的失败

华师大的丽娃河畔，我徘徊又徘徊。虽曾弯弓征战，八千里路斩棘，我都以失败告终。但梦里的铁马冰河，何曾驱散过隐隐的不甘？不行，我得重新来过，做我高中时代就熟悉的教育。教育是一个大的行业，也有许许多多的细分市场，我在最开始也不是一头扎进了幼教市场，而是从自己当时非常得心应手的初、高中学科培训做起。

“当初就是依靠给初中生补课，我不仅完成了高中学业，还积累了创业基金。”

“看到自己的学生成绩进步、考中理想的学校无疑是一件美好、有成就感的事情。”

“注册一家公司做中小学的学科辅导吧，我是师范大学的学生，又善于教孩子，我一定可以做起来，而且它还不需要太多本金。”

放飞着思绪，我的内心越来激动，越来越火热。几次失败的创业经历让我学会了步步为营，因此我注册了一家公司后，一开始只是我一个人，并没有去租店面。发布家教信息、给学生上课，一切都从简单的兼职家教开始，我那时候一个月可以轻轻松松地赚上万元。

当然，既然有了公司，我当然不会满足于只是养活我自己，几个月后，当我攒够了门店租金，我当机立断，开始了公司化的运营。新公司一共 5 个人，大体的人员配置是这样的：我负责招生和教语文，另外两个老师教英语和数学。一个前台兼行政人员，一个阿姨管后勤和卫生。当时正逢暑假，我们很顺利地招来了 60 名学生。我信心满满地投入了新公司的运营。

对于我这种微型培训机构来讲，如果可以保持全年 60 名学生持续报课，而不是仅限于暑假两个月的话，是能够实现盈亏平衡的。而如果可以有 100 名学生在我的机构里报班，持续一年的话，我将可以获得约 30 万元的利润。

招到 100 名学生，成为我当时经营公司的一个重要目标。为了实现这个目标，我动员另外 4 名员工和我一起在工作之余，去外面发传单。但是，当我下达发传单的指令时，另外 4 个人你看看我，我看看你，不说话也不出去行动，我可以感受到他们内心深处的抗拒与不情愿。我一看形势不对，连忙鼓励他们说："大家出去发传单，也是按正常的工作时间来计费的，每小时 30 元，如果有学生介绍进来的话，每个人再提成 1%。"

听到我这么说，那 4 个人虽然仍旧很不情愿，但是终归拿着传单出发了，至于我，则美滋滋地坐在前台，想着或许一个晚上就又能多招 10 名学生。

事情又怎么会这么简单呢？

3 个小时过去了，他们陆陆续续地回来汇报，先进门的是负责教英语的老师。我迫不及待地开口询问是否有学生报名，而那位老师只是摇了摇头，就收拾背包下班了，似乎累得不轻。跟着回来的是数学老师，我同样急切地问今晚是否有收获？他也是一言不发，摆了摆空空的双手，意思是传单都发完了，之后也收拾一下就下班了。

我虽然感到一丝丝失望，但还在想或许另外两名员工会有收获呢。可是等他们回来，他们也告诉我没有招到一名学生。

这下我傻眼了，如果发传单没有用的话，那还有什么方法能够把我们的品牌宣传出去呢？那时是2007年，互联网上虽然有了博客还有大大小小的网站，但是普及率远远没有今天这么高。

而我自然也不会写博客做营销，当时更没有微博、微信、抖音、快手之类的新媒体渠道，企业的市场推广工作还是集中在线下地推或者传统媒体上。至于我这样一个微型培训机构的小老板，能想到的招生方法也就仅限于发传单了。

幸好，依靠暑假的红利期，我的小机构已经积累了60名学生，基本实现了保本运营。这次发传单失败后，再也没有出去发传单了。店铺在那里，还是有一些主动上门咨询的家长，这又给我带来了几名新的学生——整个暑假，我的学生总数可以维持在70个人左右。

尽管没有赚到太多钱，但当时我想着只要不亏损，那么就能把公司继续经营下去。没成想就是这样一个保底目标，仍旧事与愿违——我万万没有想到，招收到70名学生竟会是学生数量的历史高峰，之后再也没有达到过这么多学生了。

为什么会这样呢？最重要的原因是我想当然地认为，只要是老师，就会认认真真地教孩子。我对在我机构上课的两名老师的教学质量没有设立任何的考核指标，而老师本身也缺乏教学经验，两个月过去了，学生成绩提高不明显，家长对教学效果很不满意。这导致学生的续费并不多，生源流失严重。

“开学的摸底考试，我家孩子还是原地踏步，所以我们得换家培训机构了。”家长纷纷抱怨。我意识到问题的严重性，也知道一旦大批生源流失对我的机构意味着什么，于是我赶忙承诺：“再给我一个学期，我一定让你的孩子分数提高，可以吗？”“不行不行，万一你们的老师教得又不好呢？孩子的时间太宝贵了！”尽管我说得非常真诚，但是愿意续费的家长并不多。

9月开学后，我的培训公司只剩下了30多名学生，流失的生源达到了原来的一半；同时，我们的宣传招生工作也开展得不好，招募的新生只有10多名，最终的学员数量只有45名。

这时候我才知道，原来家长给我的机会只有一次，如果把这唯一的机会搞砸了，你就再也没机会爬起来。面对仅有的45名学员，我开始严格地监督考核老师。

很快，以前的那名数学老师受不了我严格的奖惩制度提出了离职。于是我身兼数职，又教语文，又教数学，自己还要在华师大上课。一个人的时间与精力终归是有限的，我开始排不出班来，不得不让学生进行调课，这无疑会影响学生和家长的用户体验。

在这期间，来应聘的数学老师也有几位，但是不少家长表示，不希望中途换老师。还有家长直接说，如果不是我教他们就退费。我当时真是喜忧参半，喜的是，自己的教学水平得到了认可，忧的是自己的精力和时间都已经到了崩溃的边缘。就这么拖着，一晃又是半年。在这半年时间里，在我这儿补课的学生，数学和语文成绩都有了提高，但是英语成绩收效不大。我实在分身乏术——不可能连英语也自己教吧。最麻烦的是，45名学生的学费无法覆盖我的经营成本，望着账面上亏损的数字，我沮丧极了。

辛辛苦苦地忙活了大半年，我又亏损了5万元。但是，我实在太热爱教育了！当时我想，无论如何要咬牙再坚持半年，如果还没有转机的话我再关掉它！

进入寒假后我加大了宣传力度。这一次为了保证发传单的效率，我决定亲自出马。于是我带着行政，两个人一有空就在培训公司附近转悠。

那段时间，我们有时候会碰到其他发传单的人，他们有的帮美容院发，有的帮餐厅发，我灵机一动，打算跟他们合作。

“我们互相换资源吧，你们帮我宣传培训学校，我帮你们宣传美容院和餐厅。”

“好呀，好呀。”

本来我们双方建立合作并没有浪费多少口舌，可是一个月过去了，从来没有从美容院和餐厅过来的家长，倒是我自己跑到美容院做了面部保养、去餐厅吃了几次饭。

后来我也想明白了，自己很努力地帮对方介绍客户，而对方只是在应付我。从我这发出去的传单倒是还有点效果，忙活了几周时间带回来了5名新生。之后又有好心的家长帮我介绍，于是又有了几名新生报名，这时候学生总数在55名，可是依然入不敷出。我的培训公司又经历了半年多的亏损，同时我自己也迎来本科毕业大考，迫不得已，我最终关闭了培训公司。

当我后来进军幼教市场后，曾有朋友告诉我，当下知名的培训机构，比如新东方、好未来教育等，在开拓一个新的城市前，都要先储客半年。在这一过程中，这些培训机构会全面地开展线上和线下的推广，通过“预报名”的方式积累客户，详细地收集好客户的信息，进而确定机构的门店选址、场地规模。

而我当时开办培训机构，实在太过仓促，仅仅通过“小米加步枪”式地发传单，怎么能把品牌扩散出去呢？所谓不打没有准备的仗，有名气、实力雄厚的大型机构尚且要准备半年，我这样的小型机构真的应该提前做好更充分的准备。

另外，当初我给员工们的销售激励也很不到位，1% 的提成对外出寻找生源的员工来说实在太少，他们没有动力也正常。我当时定的学费并不高，在没有强大品牌加持的情况下，一定要通过提高销售提成来获取客户。

这是我第一次经营一家公司，虽然失败了，但我也更加成熟了。

玩不下去的加盟

2009年的春天，我曾经的文具供货商孙亮，带着我去参加了一个幼教行业会议。当时的我靠着家教也有了点存款。三天的会议下来，孙亮签约成为一家课程的代理，而我被其中一款早期识字的课程吸引也同时签约了。

当时我和孙亮一共拿下了三个省的总代理，分别是浙江、山东以及河北。之所以选择这三个省，完全是因为地缘因素：我是浙江人，孙亮是山东人，而河北离山东很近，就索性一起签下。

我和孙亮相约比赛，看谁可以把课程推广得更好。孙亮选择了“农村包围城市”的战略，不设办公室，依靠走访，一家一家幼儿园地去拜访。而我选择了“自上而下”的推广方式，先在省会城市租下办公室、成立办事处，之后招兵买马，通过团队化运营的方式来推广我的识字课程。

我在杭州、济南、石家庄三座省会城市租好场地后，每一个地方都招聘了几名员工，又通过某求职平台招聘了三个省的总经理，之后就风风火火地开始筹备会销。

我那时的预想是，邀约幼儿园的园长来我的会议上学习管理知识，之后顺带着推销识字课程。我的团队只要能把幼儿园园长邀约到会场就行。但是，我当时忽略了一个重要的问题，那就是，当一个园长对你没有尊敬和崇拜的时候，他们并不屑于来学习管理知识。事业刚刚起步的我，也请不到有名气的主讲嘉宾，因为他们的出场费很高。最终，浙江和山东的会销，到场的园长很少。

有了前车之鉴，我想第三场石家庄的会销如果延续之前的模式一定没法盈利，我咬咬牙，花了大血本请了当时最著名的幼教专家作为主讲嘉宾。凭着那位专家的名头和免费参会的宣传，石家庄的分享会现场来了 200 多名园长。当时，整个会场都被参会者挤得满满当当，跟前两场会议的惨淡场景形成了鲜明对比。

我开心极了，觉得石家庄的这次会销一定会大有收获。但是事情的发展再次让我陷入失望。一开始，这位专家倒也不负众望，整整 3 个小时的讲座，现场鸦雀无声，园长们听得赞不绝口。但是等到后面进入销售环节，河北的总经理上台讲解识字课程的好处时，台下的嘉宾却开始陆续离场。

我眼巴巴地望着台下的园长，却根本无法阻挡他们离场的步伐。石家庄的那场会销，现场签约只有 10 人，跟济南的会销结果相差不大。可是这次石家庄会议是请了知名专家做分享，投入的成本是济南会销的两倍，因此依然亏损了。

这次会议既然能来这么多人，而且现场的专家讲的内容也很不错，可是为什么现场的签约率这么低呢？我想，或许这个识字课程并不是刚需。在当时，我们并不知道教育部有明文规定，幼儿园不能进行小学化的教学。盲目的乐观和对政策的不了解又让我在创业的路上摔了一大跤。

三个省三场会销，每场会销的平均准备时间需要 10 天，就这么一个月过去了。25 个人的公司每个月开支需要 30 万元，我知道我必须转型。在石家庄听了中国著名教育大咖讲座以后，我对幼儿园的管理产生了浓厚的兴趣。而我在师范里学的又是教育管理。我决定拜师学艺，好好地琢磨幼教管理。在有 25 个人的公司的情况下，我不可能扔下员工不管，自己跑去学习。于是我利用晚上和周末的时间找到书籍和音频恶补幼教管理知识。

世上的管理都是相通的，更何况我又是科班出身。我决定把自己的公司从一家课程代理公司，转型为幼教管理公司，开发幼教管理的教材，通过招收代理做加盟生意。

为了能够维持公司的运转，我和我的同事用最高的效率开发了 6 套教材，自己作为主讲嘉宾奔赴各地进行会销推广。第一场宣讲会议在浙江，报价 6 万元的加盟费当场就有两家幼儿园买单。我很受鼓舞。马不停蹄地在济南进行第二场会销，又签单 12 万元。当来到石家庄讲第三场时，又有三家幼儿园交了加盟费。

一个月下来，42 万元收入，账面余额终于从负数变成了正数。这之后，我便三点一线，每个月都奔波于杭州、济南和石家庄。

大半年下来，我去了济南 10 多次，却从没有去逛过大明湖，看过济南著名的趵突泉。散文作家唐鲁孙说济南城内地下沟渠密布，潜流纵横，随手自地上掀起一块石板，泉水便源源涌出，伸手就能捞到又肥又大的青草鱼。城南有条叫剪子胡同的路，不论天旱下雨，这条街总是积水盈寸，路人都得自两旁骑楼下绕道而行。这石板下的泉水，夏季凉透心扉，可冰水果。可我眼中的济南只有酷暑，奔跑和不断的会议。

那是一个很平常的 8 月，我从住的宿舍走到济南办公室楼下的时候晕倒在电梯口。同事们手忙脚乱地把我抬到办公室，等我醒来的时候天已经黑了，身边有一个同事一直陪着我。他问我饿不饿，之后赶忙去帮我下了一碗面条。

那是我吃过的最好吃的一碗面。我还清楚地记得面里有牛肉、青菜、火腿肠、木耳、鸡蛋和番茄。我吃着吃着，眼泪就流了下来，和着汤水，一起咽进了肚子。那个时候我发觉，靠着我 3 个省玩命的讲课，每个月最多一两万元钱，这还不如我一个人带孩子做家教赚得多。松下幸之助曾经讲过不赚钱的企业是可耻的，我终于意识到我的加盟公司快“玩”不下去了。

第三天到公司，我快刀斩乱麻一般，直接宣布济南公司破产关闭，所有的员工多发一个月的工资。望着刚刚装修不到一年的办公室，我没有悲伤，只是盘算着济南公司累计亏损金额。几天以后，我又分别前往石家庄和杭州，宣布河北、浙江办事处关闭。

关闭三个办事处后总共亏损了 30 万元，房租没到期，多余的房租退不回来，多发的一个月工资又需要几十万元。我坐在杭州的办公室，望着一堆堆的账单，心想再也不碰加盟了，可是事情还没有彻底结束。当初我给加盟商的承诺是服务三年，后面两年的维护问题很令我头痛，谁来维护呢？我们怎么做才能让加盟商满意呢？我陷入了深深的沉思。

2009 年的冬天似乎格外的寒冷。一个人走在大街上，天空下着冰冷的雨，雨水打在脸上，滴进心里，彻骨得凉，凛冽的北风带着刺骨的寒意。12 月的时候下起了大雪。大雪纷纷扬扬落下，那一片雪花在空中舞动着各种姿势，或飞翔，或盘旋，或直直地快速坠落，扑落在地上。

停做加盟业务后，我闭门思过了整整 7 天。在这 7 天的时间里，我把我从 18 岁以来的所有创业经历都梳理了一遍。屡战屡败，我问自己，你是上班呢？还是继续创业？

“创业！”我内心的声音很坚定。人世间最幸福的事情或许就是青春里提前踩过了事业的坑，在成长的路上被填满了实践得来的真知。痛定思痛，我决心将自己习得的幼教管理知识应用于实践。于是，我的第一家幼儿园诞生了。我身先士卒，琢磨出了一套符合现代幼儿园发展的运营管理体系，逐渐把幼教公司做大、做强，并带到了新的高度。

破茧成蝶

经历过无数次的失败以后，我懂得了专注的力量。2010 年，我辞职专心做我的幼教事业。时光轮回，所有的磕磕绊绊都在终点与原点的重合处沉淀、凝结。

岁月说起来漫长，过起来却是如此短促仓皇。仿佛风的薄纱里还有春花的芳香，夏的雨幕就已挂在阡陌之上。秋的落叶还在天空飞舞，冬雪就已经热烈的飘舞。日子或奔向大海，或留在我的衣襟，方向背道而驰，一旦选择，便决定了上天入地的不同命运。而我坚定地选择了幼教的主攻方向，义无反顾。

日月窗间，穿尘而过。欣然笑纳岁月的雕刻。风尘天外飞沙，我们在各自织好的蛹中打坐，各自修行。煮酒黄昏，他日山水重逢。

我从浙江的三线城市义乌开始打拼，一路突破。先是把品牌做到义乌知名，然后进入杭州，最后杀入上海，把总部搬迁到全球金融中心，闻名遐迩的魔都。夏月荷花 20 家直营园分布在伦敦、上海、浙江、山东，一路走来，我见到了自己最好的模样。

我在每个无法预知的清晨醒来，流连于花开的过程。从某种意义上来说，我该感谢各种路过，正是那些残忍的过往，成就了创业中的落拓与超脱，亦催化了我的破茧成蝶。嶙峋的骨骼，像会攀岩的藤蔓，吸纳了日月光华，血肉日渐丛生饱满，青丝越发温润如玉。

冷月残枝，末初之至，举头又逢罡风起，簌簌吹落星如雨。是谁的淡妆里，薄施了粉黛春秋的平仄？诗的尾韵，像婀娜多姿的步摇，一垂一曳都是说不尽的风情。

原来，那是我，一个一直在路上的创业者。企业是最好的大学，我改变了很多人的命运。500 名员工跟着我，他们从懵懵懂懂开始，我教会了他们做人的道理，与人共事的智慧，更训练了他们出色的专业技能，把他们培养成了优秀的人民教师。十年来，几十万家庭的小孩在夏月荷花的教育下成长，我带领我的团队，循循善诱，不厌其烦地向家长输送科学的育儿方法，改变了无数家庭的育儿观念。让他们的孩子活泼健康，快乐自信，并具有国际视野。

少年强则中国强，我们幼师是绿叶、是春泥，每每听到庾澄庆的《春泥》，我都眼眶湿润。那些痛的记忆，落在春的泥土里，滋养了大地，开出下一个花季。风中你的泪滴，滴滴落在回忆里，让我们取名叫作珍惜。三岁看大，七岁看老。一个人的早期教育决定了他一生的基本高度，我们肩上担负着改变下一代，让中国更强大的责任。

我很自豪，我是人民教师，我是带领着 500 名人民教师，服务了几十万个家庭的教育公司的董事长。

我在世界的任何一个角落

公司从零到亿，实现财富自由的我可以随时出现在世界的任何一个角落。我去过七大洲，四大洋，驰骋江湖，快意恩仇。

2016 年初我和吴晓波老师一起去了南极。我们先飞行了 10 个小时，在迪拜转机，在飞机上看完刘润的书，书中很多笔墨描写德雷克海峡是杀人西风带，死亡走廊。除了第二个发现南极大陆的英国人斯科特在回来的路上不幸遇难，历史上探险南极出过安全事故的是 2007 年和 2015 年 12 月，从概率上来讲，本次会很安全。

那个时候，你在睡觉我在飞，你在吃饭我在飞，你在学习我在飞，你在工作我在飞，我飞啊飞，一共 30 个小时从北半球到南半球，穿过冬季迈进夏季，看完三本书，三部电影，被路遥的《平凡世界》感动得稀里哗啦，红肿着双眼，来到了阿根廷。

经过一天与晕船作斗争，我经历呕吐，平躺，今天终于神采奕奕。船上遇到游泳冠军庄泳、女博士、癌症患者、坐着轮椅的、上百亿的企业老总、最小的 10 岁男孩、都来实现自己的南极梦。

而当我踏上南极半月湾岛，那一望无垠的冰盖，散发着白蓝色迷人的光芒。它是世界上最大的冰库和冷源。如果说南极大陆的实际面积为 1 230 万平方公里，而整个扣在它上面的巨大冰盖就有 1 383 万平方公里，平均冰厚 2 450 米。如此硕大无比的冰盖，构筑起举世无双的冰雪高原。极目远眺，天苍苍，雪茫茫，天地相融，消失于广袤雪野中。我奋力抬起靴子，一步一步向上挪移时，不禁为这远离世俗尘埃、充满亘古之谜的世界所倾倒。她的纯净空灵让我想哭。天的尽头是你最美的笑颜，那里尽是你的笑和爱。

南极的精灵企鹅，你排着队婀娜地在海边，你不远千里跋涉着来抚育你的孩子，你拼尽全力积蓄半年的食物，只是为了，你的孩子。你让我怦然心动，也让我泪流满面。

我愿来生是你，游曳在冰川雪地。

南极的每一块石头绚丽斑斓，每一滴海水晶莹剔透，每一片蓝天宁静安详，每一寸土地柔软舒适。我想在你的怀中永远睡着，不要醒。

登上尼克岛山顶静默，我听到了已经有十万年的冰，咔咔地裂开的声音。如果我曾经来过，那是因为你曾如此地爱过我。我见南极多妩媚，料南极见我亦如是。

南极回来的船上，牙疼。以前虽然牙也疼过，但没有这么疼，像针不断在扎你，像皮鞭不断抽你，忍着剧痛，归心似箭，还是中国好，不敢去阿根廷医院看病，因为水平不高，也怕给团队添麻烦。想着明天 30 个小时的飞行，心慌。

阿根廷的夜，牙痛得睡不着，凌晨两点，导游帮我出去买药，晚上只找到头孢和止痛药，但依然没法缓解疼痛。迷迷糊糊地到了早晨八点，“鹅友”们终于都醒了。吴晓波老师的夫人给了我一粒国内的止痛药。导游说阿根廷的药分量偏轻，国内人适应了大剂量，依然没有效果。到中午，我疼得眼泪直流，拨通弟弟的电话，让他报牙痛药的英文名，让导游出去帮我买替硝唑，可是药店找不到，用甲硝唑代替，下午依然疼痛难忍。在机场终于有“鹅友”送了清开灵，国内的甲硝唑、芬必得等，一股脑儿吃下去，牙齿依然疼痛，盼望过会儿能起药效。这是我平生最疼的一次，“鹅友”给我一粒药我感激得不得了。异国他乡，分外思念祖国和亲人。幸好，我和你们只隔了 30 多个小时的飞行距离。怎么样我都会忍受着煎熬回到我的亲人身边。再痛，再痛，我忍。

很多年过去了，我的梦里依然是南极的点点滴滴。那是三生难逃的劫，任凭我辗转天涯，云水之间，最难忘的依然是你呀，南极。

第四章

创业者应该具备的素质

确立目标才有方向

人生如逆旅，我亦是行人。我们听过南辕北辙的故事，也应该明白，方向错了，越努力越糟糕，方向对了，无碍行囊轻重，都能到达彼岸。

夜深人静的时候，我经常问自己，我是谁？我要去哪里？我活着的意义是什么？

每个公历年的年底我都会给自己定目标。比如，十年以后的今天，2019 年 12 月 31 日，我躺在厦门国际会议中心酒店的大床上写总结、订计划，窗外是滂沱的大雨，千山含笑，碧水生烟，时光如斯温柔。

人生总有一段时光，见山不是山，见水不是水。千回百折后才会了然，空山还会再生绿色，浑水安静后便会清澈。而此起彼伏的我们，还有未尽的人生需要担当。

延伸得哪怕再远，离心越近越好。你的目标在哪里？你的方向确定了吗？这是这一天我写的 2019 年的总结，往回看，是为了不忘记那个曾经的自己。

2019年，巴黎圣母院大火维修困难，英国脱欧成功，国内GDP增长速度放缓。身边很多制造业纷纷倒闭，就连教育行业机构也有很多“阵亡”的。同学说她家门口收垃圾的，最近每天收的大多数都是各种拆卸的办公家具。我家门口又何尝不是？

我们的时代，我只是那只小小的蚂蚁，可也要奋力前行。

这一年的1月和2月，我的骨折还没有好，整天躺在床上不能下地，但我依然每天打七八个小时的电话工作。我作为拥有30%的小股东，山东滕州自己的幼儿园门都进不去。我派我的团队过去谈判，最后通过遥控指挥用500万元收回了山东滕州幼儿园的全部股份。

这一年的3月，我拄着拐杖到了山东滕州。滕州十几名员工停工，我也迎着春天熬过来了。看是聪明之士，热衷争夺自己的蝇头小利。智慧之君，吃亏是福，只在空谷中酝酿胸中的磅礴。浮躁与沉稳，无须结果已分高下。你知道的，胜负从来不过是韬光养晦之人心中的一叶障目与虚无，而我的急躁，差点害死我。何必争朝夕，任三千繁华皆成空。日月星辰有情，你我相随，知与谁同。不动声色，是一种山水相依的默契，堪比花木含笑的满足，互相包容着彼此的脾气，欣赏彼此的任性。深情几易其主，患难见真情。

这一年的4月，我每周去一趟遵义考察当地的教育，最后因为路途遥远而放弃。

这一年的5月，我去了趟印度。并在不经意间发现了股东的欺瞒行为，让我10年没有发作的心绞痛又袭上心头。5月的杭州，我常常捂着心脏，独自难受。这样的5月，我依然签下了嘉兴一所幼儿园，买下了嘉兴幼儿园的物业。

这一年的6月，我去了全国各地考察区域头部品牌，炎热的江南昏昏欲睡，我和我的股东摊牌的那一天，我的心绞痛竟然好了。勇敢地面对那两个人前叫我姐姐，人后却想给我挖坑的男人，我变得越来越坚强。

这一年的 7 月，我中标了义乌市中心的 10 亩土地，总投资 1.1 亿元建造集团的旗舰中心。

这一年的 8 月，我开了微博 V+ 会员群，开始了自媒体创业。因为微博我认识了许多各行各业的朋友。

这一年的 9 月，我去北京见了我的贵人马叔。我一年见他一次，每次去北京都是他请我吃饭。这一年好吗？好！你呢？也很好。我们之间只有这四句话，连续五年了，我们只见了五次，可你是那个最懂我的人。

我将颠沛流离掩饰得很好，野花烂漫的山峦，游遍芳丛都是我的微笑。我们在相识的途中，栉风沐雨，披荆斩棘，为彼此打造了最好的自己。惜君如常，人面依旧，就像这迷人的灯火阑珊。国庆前的长安街，都落在了我的眉心上。你顶着牙痛，谈笑间，墨洒青山，花开花落皆文章。你懂我盈盈素靥的决断杀伐。以花为马，九月在野，仰天一抹胭脂笑，任凭红颜不封侯。花刀帕，定风波，我不坐拥遍地豪杰的江山，却有随处可栖的江湖。一蓑烟雨，飘零书剑，无论何时，马叔你都是我眼中的英雄。

这一年的 10 月，我见到了那个充满灵气的女子珊珊。深夜有酒，清晨有粥，便是最暖的寻常烟火。黄卷青灯，幸有红袖添香。暮光乍破，夜风叩窗，常与你把盏聊斋。心领神会，比别人多的是那一点灵犀。有什么可以阻挡，信手落墨时的浑然忘我。忘了季节，罔顾温度，却能掌控枯荣，偷换悲喜。草色有无，都可鞭千万匹野马奔腾而过，吵醒沉睡的魔咒。有一首小夜曲像鱼，在如水的星空里娓娓游动。我只是流落时光街头的拾荒者，却在精神沟寨里富甲一方，占地为侯。冬去春回，又可临花照水，那时，你月下划舟，我抱香枝头。

这一年的 11 月，签约出版社，来年将出版我的第一本书《破茧成蝶——创业的核心方法》。

这一年的 12 月，我收到微博的邀约参加了北京的闭门会议，让我更坚定走自媒体道路的决心。年底到来的最后几天，更是到达了我人生最辉煌的时刻。我苦苦想了 10 年，想进入一线城市，终于美梦成真。在月底到来之前收购了上海两家幼儿园 60% 的股份，接管了 55 个人的团队。而为了这一天，我已经努力了 10 年。

2019 年，我终于进入了一线城市，把一个区域性的品牌变成了全国性的品牌。2019 年，你展颜一笑，这世界如此温柔。

三毛说，岁月极美，在于它必然的流逝。陶渊明说，悟已往之不谏，知来者之可追。追不上的不追，不属于自己的不要，挽留不住的不留，生活哪有那么复杂，简单甚好。反思了这一年，我才知道我要走向哪里？

于是我写下了 2020 年的目标。

第一，收购两家园所。

第二，完成占地 10 亩的旗舰店建设。

第三，上海幼儿园装修，员工培训。

第四，加强人力资源部建设，全面提高团队运营能力。

第五，打造一支强有力的自媒体运营团队。

第六，出版创业书籍。

你是要上班平平淡淡地过一生，还是要创业过跌宕起伏的一生？你是追求成为专家型的人？还是做个公务员，毕生的目标就是能够为更多的人服务呢？或者你两样都不选，你就想创业，用真正的市场价值来体现你的人生价值？

我选择了创业。那么你呢？你的目标有了吗？你的方向在哪里？快来，快来，赶紧拿起你的笔写下这一年的目标吧！

只要出发，再晚都不迟。

情商决定你的高度

人的高度由平台和情商决定。名校毕业，好的大学只能保证你起点比别人高。不能保证你在事业上最后胜出。环顾左右，你会发现那些单位里如鱼得水的人不是名校毕业的，而是那些懂得照顾人而又坚定的人。夜深人静的时候，你回想一下你的人生，你是因为不够专业没有拔尖呢？还是你够专业因为不会处理人际关系才没有拔尖呢？

你有伟大的梦想也好，你有坚强的意志也好，假如你是一个不会做人的人，你的身边没有人愿意支持你，更不会帮助你。“少壮很努力，依然徒伤悲”，那才最寂寞。

有句话说得好：智商决定你的下限，情商决定你的上限。你说话让人舒服的程度，能决定你所能达到的高度。

提高情商的六个方法如下。

第一，守底线、讲原则、敢拒绝。做任何事要明确自己的底线，在不触碰底线的情况下，在自己的原则内去处理事物，底线太多的人，很难相处，底线太少的人，容易受人欺负。

第二，学会原谅，有耐心。提高自己的忍耐力，有颗宽容心是高情商的一个重要表现。要学会原谅他人，不要抓住对方的缺点不放。

第三，做一个成熟的聆听者。聆听者不只是听到对方的内容，也要倾听对方的内心，帮助他人排忧解难，只要走进对方的内心，他就会把你当作一个很好的倾诉对象。

第四，勇于和陌生人沟通，主动去了解他人。对于陌生人，不要惧怕、不要害羞。我们应该大方，勇敢地和对方交流，关注对方的言行举止，要全方位地去了解他。

第五，尊重他人。马斯洛需求层次理论将人的需求从低到高依次分为生理需求、安全需求、社交需求、尊重需求和自我实现需求。其中第四层就是尊重需求。尊重是指一个人希望有地位、有威信，受到别人的尊重、信赖和高度评价。马斯洛认为，尊重需要得到满足，能使人对自己充满信心，对社会满腔热情，体验到自己活着的价值。那么我们对一个人发自内心的尊重欣赏，就是打开一个人心门的最好的钥匙。

第六，学会感恩。没有人有义务对你好。无论是谁向你表达善意的时候，你都要懂得记在心里，并在力所能及的范围内报答。

总之一句话，清空自己，关注他人。你就会在不知不觉中收获友谊，甚至爱情。每个人最爱的都是自己，让他在你这里得到贵族般的尊重吧！那么所有的人都会喜欢你，帮助你。

我记得 2012 年，我拿下了山东滨州的一家高端幼儿园，当时我为了学习全国幼教行业老大白云公司的管理和运营方式，主动找到他们把 70% 的股权转让给他们。我希望和他们成为一家人，从而学习他们的管理和运营。可是七年过去了依然没有收回成本。对于一家有 300 个幼儿并且当地资质较好的幼儿园，几乎没有利润，这是非常不正常的。

要知道我们行业标准四年就能回收成本，四年以后就能盈利。如此糟糕的经营效果换成一般人都会大声地责骂取闹，而我除了态度温和地表示质疑，丝毫没有对他们进行辱骂。因为我知道白云公司家大业大，实在是无心无力把一家那么远的幼儿园经营好。

我七年的忍耐换来的是白云公司对我的认可和欣赏。当他们的上海公司需要合伙人的时候，第一个想到了我。他们的上海公司与我的浙江公司置换股权使我顺利地进入了大上海。要知道我想进入上海整整十年了。是我的原谅和耐心成就了今天，这和业务能力一点关系都没有，是情商帮助了我。

富贵贫贱，不只是命，生而为人，怎可自甘雌伏。物竞天择，适者生存。那些旷世之美的另一面，往往是惨不忍睹的残酷。在这个现实社会，我们不仅需要专业技能，更需要情商。

你的成功是每一滴汗水都要透着人性的光芒，你覆满灰尘的眉毛上，才会挂上秋天的果实。秋酿岁月，落叶不惊，不止进退，无妨顺逆，不计得失，方成正果。

好好地运用情商吧，我们才能变成更好的人，有朝一日我们才能有足够的资格站在他或她的身边，希望能在他面前笑靥如花，告诉他或她，喂，我曾爱过你啊。

爱心与同理心

前段时间我看过印度的一部电影《印度合伙人》，这部电影给我最大的感受是所有成功的人，他的动力都是来源于爱。

因为男主角爱他的妻子，所以他成了护垫侠，他是印度第一个生产卫生巾的人，创办的卫生巾企业一直在印度名列前茅。而我呢，因为爱孩子，成了幼教专家。马云他想让天下没有难做的生意，所以他成为世界上最伟大的电商企业家之一。

优秀的创业者要努力成为一个善良、诚实的人，把“止于至善”当作创业的终极目标。有足够的胸怀和气度，知道自己该坚持些什么，可以放弃些什么。了解自己的擅长之处和弱点，努力提升自己，对未知的事物保持虚心和敬畏。乐于帮助别人，专注于自己的产品，透过产品实践自己的世界观。

当年我在学校教书的时候，唯一学会的就是同理心，站在对方的角度去思考问题。我所在的公办学校校长是一个管理水平很高的人。那位校长平时很少处理细枝末节的事情，他只有一个优点，当我们所有的人向他提要求的时候，他基本都会满足我们。他是一位很有同理心的校长，他的无为而治让我们学校的教学质量也一直在中上水平。

如今我创业以后，每当我的员工向我提要求的时候，我总会想假如我是他，我该怎么做？每当我替员工想的时候，我的员工也就会为公司想。很多人说首先要去爱你的客户，客户第一，员工第二。而我认为应该是员工第一，客户第二。当我们的员工每天都很懈怠，怎么可能把客户放在第一呢？爱我们的员工吧，想他们之所想，喜他们之所喜。

当我发自内心地去爱我的员工的时候，我很在意她是不是开心快乐？我更在意她有没有获得成长，成为更优秀的自己。这个爱不仅仅是说她生日的时候，你送给她一束鲜花、一个蛋糕。这个爱更是要给她比行业更高的工资，给她更好的平台，让她实现更大的自我价值。

对于幼教行业来说，爱心就更重要了。我考核一个老师的时候，不是业务能力放第一，而是爱心和温暖。在我们公司，假如你曾经帮助过你的同事，都可以得到奖励。我提倡的是家文化，让那些来自五湖四海的老师来到我们公司的时候，都有一种回家的感觉。我们集团胜则举杯相庆，败则拼死相救。

公司有位园长得了癌症，我们除了不断慰问和看望，更是一直帮她保留了社保，留了岗位等她。这一等就是大半年，幸好她是甲状腺癌，不久便痊愈了。她对公司的认可度也更高了，真的把公司当成了她的另外一个家。爱我的老师，那就要帮助她，成就她的梦想，我们在老师的培训上从来都是不遗余力。公司每年花几十万元送他们去全国各地甚至国外去学习培训。

我总是对老师说，把你的梦想告诉我，我来帮助你一起实现她。追梦的路上，她并不孤单，她会始终感到我的力量，我就在她的身旁。

衡量一个好老师的标准更是看她是不是爱她的学生。一个有爱的好老师会把学生的喜怒哀乐放在心里。这个爱是在当孩子伤心的时候把她抱在怀里，这个爱也是当孩子快乐的时候，跟他一起开怀大笑。孩子愤怒的时候跟他一起分析原因，帮他一起解决问题。孩子悲伤的时候更要和他一起去面对他遇到的困难。

合抱之木，生于毫末；九层之台，起于累土。平凡、坚持、爱，是我们集团沈老师的代名词。一些人一些事总会左右你的视线，一些人一些事总会影响你的情感，常会因为一份问候而温暖，常会因为一份挂念而感动激荡在心间，常会因为一份祝福而让生命感觉到快乐和自然。

就在那个地方，我真的感受到了这种温暖，沈老师 50 多岁，但我在她脸上永远看不到不好的情绪，我看到的她都是那么善良积极，很遗憾，命运捉弄人，她的女儿如果还在的话也就三十出头，可想而知她承受的打击是我无法想象的，她在绝望中还是选择站立起来扛起了一个家庭，她对任何一个人都细心且耐心，老师们遇到什么事，只要回头，她就在她们的身后给予莫大的支持和帮助。老师们遇到困难每次想退缩的时候，总是会想起她的话："再难的日子里，只要挺过去就好了，向前走，前方自有光。"对呀，她那么难都过来了，这点困难算什么。

每次园里举办大型活动她永远是最早到现场的，毫无怨言，随叫随到，操心园长所操心的，担心园长所担心的，她跟老师们的相处模式也很特别，因为她的嗓门很大，第一眼给人严肃的感觉，但是相处了久了就会知道她其实很暖心，是老师们的知心姐姐，我记得年轻老师一开始都不亲近她，因为年轻老师晚上出去玩，她总是像妈妈批评晚归的孩子一样，不知道时间观念，贪玩，导致年轻老师跟她保持距离，其实我懂她，她就是觉得女孩子大晚上出去不安全，替她们担心，老师家访出去玩，等她们回来后才会悄悄松口气，她就是刀子嘴豆腐心，从来不说感人的话，但她的细节往往都是充满爱和细心。

她对待小朋友可以用毫无缺点来形容，她不仅是一个班的老师，她更是一个班的妈妈，谁的妈妈要晚点来接孩子，无论多晚都会陪着小朋友等，哪个家长周末没时间陪伴孩子，第一时间想到的肯定是她，她仿佛将她所有的母爱都分给了孩子们，一到周末就给孩子织毛线拖鞋，一针一线都是爱，一点一滴都是情。她的举动足以让每位宝贝的寒冬变得温暖。

有一次冬天，寒风瑟瑟，沈老师接到鱼儿妈妈的微信视频，说孩子在理发店不肯理发，要沈老师陪着。沈老师接到消息后，饭也顾不上吃了，马上往理发店赶。一到理发店孩子瞬间温顺了，坐在老师的怀抱里，非常配合，很顺利地理完发，理发店的工作人员都给沈老师竖起了大拇指，孩子是最单纯的，谁对他好，他就对谁亲。有一次，中班第一学期鱼儿冷不丁地塞给沈老师一张自己做的小卡片。虽然上面只有一颗歪歪扭扭的小爱心，却深深地印在了沈老师的心里，孩子真挚的爱是最珍贵的礼物。

她在幼儿教师这个岗位已经将近 30 年，这样一个年限，够一个孩子从嗷嗷待哺长到做父母了吧。细想想，她生命里有很多内容和元素都是关于孩子的，她几乎每天都在做着与孩子们有关的事情，天天想着怎样把这件事情做好。她就是——东方前城幼儿园沈祝仙老师。

随心所欲、毫无掩饰才是最真的你，这样的你不用闪闪发光也很棒，就是这样一位老师让我感觉到温暖两个字的含义，你付出的爱，一定都会回到你身上。

一个人的成功往往是因为巨大的热情。而支撑巨大的热情就是她心底的爱。当你的爱大到想改变这个世界，让这个世界更美好的时候，就具备了强大的创造力。这种创造力在科研上可以成为科学家，在创业上可以锐意进取，成就一家伟大的企业。

你爱这个世界吗？因为爱，才有一帮人团结在你的周围，领导团队不靠KPI，最终一定是靠爱。爱是一切的根源，爱是最后的归宿。

坚韧的意志力

意志的力量是巨大的。坚强的意志力往往是杰出人物成就事业的奠基石，薄弱的意志力则是造就庸人的温床。

有这样一个孩子，他非常热衷搞清楚一切事情的来龙去脉，因此当他看到一件新奇的东西时总喜欢把它拆开，把每个零件的结构都弄明白，不过他往往很难再把它装回原样，因为他的手脚远不如头脑那样灵活，甚至写出来的字在班上也是有名的潦草。

正在读大学的时候，他遇到了平生最大的挑战。刚过完 21 岁生日的他被母亲送到医院里检查身体，结果却让人沮丧，他被确诊患上了“卢伽雷氏症”，即运动神经细胞萎缩症。

这个孩子就是霍金。

病情恶化得相当迅速。这对霍金的打击是可想而知的，他几乎放弃了一切学习和研究，他已经无法正常行走，必须使用轮椅，而且一生再也没离开过它。大夫对他说，他的身体会越来越不听使唤，只有心脏、肺和大脑还能运转，到最后，心和肺也会失效。他被“宣判”只剩两年的生命。

虽然身体的残疾日益严重，霍金却仍努力像普通人一样生活，完成自己所能做的任何事情。他仍然乐观而活泼好动。在莫斯科的饭店中，他建议大家来跳舞，而他在舞池中转动着轮椅，陶醉在音乐声中。当然，霍金也尝到过“自由”行动的恶果，他无数次地因他的活泼好动而跌倒，但幸运的是，每一次他都顽强地重新“站”起来。

艰难的时刻往往是锻炼意志力的时刻，即使是失去了说话的能力。他还是凭着坚强的意志写下了科普著作《时间简史》。曾经被宣布仅剩两年的生命，也一直延续到了 76 岁。

我们与其赞誉他是一位杰出的物理学家，我更愿意称他是一个凭顽强的意志，坐着轮椅，挑战命运的勇士。这就是意志的力量，无论经历的时间有多长，付出的代价有多大，无坚不摧的意志力总能克服困难，助人成功，甚至创造奇迹。

意志力有这样一个特点，它像是一个弹簧，所面对的困难和压力越大，其所激发的力量就越强大。就如同篝火遇到了强风，这强风不但不会熄灭篝火，反而会助它越燃越旺，到达生命的顶点。

强风正如逆境，篝火就是意志。

闻名世界的音乐家贝多芬，其最伟大的作品都创作于失聪之后。当他失聪之后，病魔的折磨为他带来了痛苦，使得他常常感到沮丧，而且脾气暴躁，对人粗鲁。但这丝毫也没有影响他对音乐事业的热爱和探索。

当听力严重下降后，贝多芬就咬着小木棍，顶着钢琴，靠感觉到的振动来感受音乐。艰难和险阻并没有击垮他，被激发出来的意志力也将他身体中无限的潜能激发出来。其音乐天赋如同火山爆发一样喷涌，陆续创作出《英雄交响曲》《第四交响曲》《第九交响曲》等绝世佳作。

正如他自己所说，卓越的人的一大优点是：在不利和艰难的遭遇里百折不挠。所以，当你脚下布满荆棘，四周充满迷雾时，不妨想一想霍金和贝多芬当初经历的又是怎样的困境，这困境也许并不是一件坏事，而是磨炼意志的好机会，激发你的正能量，喷薄而出的潜能或许能创造奇迹。

如果你有幸没有身处困境，若想成为一个拥有坚强意志的人，那么就要先在心中造就一个坚强意志的人。如果你的意志力坚固得像钻石一样，并以这种意志力引导自己朝目标前进，那么，你所面对的问题都会迎刃而解。

正如我一样，如果当年父亲不让我读高中我就放弃的话，我就不可能成为华师大、北大的研究生，也就不可能有这样的智慧领导500多人的团队。

当没有钱我还要自己筹学费的时候，当我背着文具在校园里叫卖的时候，我都想过放弃。是霍金、贝多芬激励着我，我的耳边总是会想起贝多芬的《命运交响曲》。我要扼住命运的喉咙，我命由我不由天。

坚持最大的敌人就是抵抗不住诱惑，被目标之外的诱惑带偏了方向。如何抵抗这些诱惑，保持定力呢？

有两个小技巧：①适当降低对身外之物的欲望。远离物质上的攀比，多提高对个人能力，对最终成就的追求。这一点上只要稍微有一点进步，就会比大多数人坚持的时间更长一些。

②提高对诱惑动心的门槛。将对诱惑动心的门槛放得更高一些，只要低于这个门槛，自己就不考虑。比如，以克服自己随意跳槽的毛病为例。可以将“跳槽的薪资至少比现在的薪资翻一番”定为门槛，这样自己不但不会再随意跳槽，还会逼着自己在现有的工作中取得更大的进步以达到薪资可以翻番的

条件。

对于农村的孩子来说，考研最难克服的是英语，因为我们没有机会大量地练习。想当年我是整本书地背英文，我连题目和标点符号都会背了，我难道考不出来吗？

创业以后，对我意志力最大的考验是病痛。小时候得过肝炎，我的身体一直不好。我不能像正常人那样没日没夜地拼命工作，可是当别人在看电影、打游戏的时候，我依然奔波在创业路上。幻化成烦琐的每一天，那就是我能多找一个老师谈话就多找一个，能多跟一个家长沟通就多沟通一个，能多跟一个开发商谈判就多谈判一个。

我们做幼儿园拿场地是一件很困难的事。我可以没日没夜地守着开发商和他签下物业合同。我曾经跟踪一个幼儿园的物业，一跟踪就跟踪了两年，直到签下物业为止。我每年大量地飞往全国各地，考察谈判拿场地，前段时间我就飞了遵义 5 次，在那里待了半个月，最后还是放弃了项目。我每年奔波考察飞行的路程都可以绕地球两圈了。

他人更多的是看到我的成功，他们看不到的是我成功背后无数次的失败，更看不到的是，我无数次的失败后面又一次次地站起来。我还要一次一次地和政府谈判，就是为了能给幼儿园多拿一些资源。

2016 年，我累得在床上躺了 7 天。压根连下床的力气都没有了，连吃饭都需要我妈妈一口一口地喂我。朋友打电话给我说，你去医院吧，我有气无力地告诉她，去了，查不出什么病，就是累了。她在电话的那头直哭，听着她电话里的哭声，我感动地把她视为生死之交。就这样，我在床上躺了一周，才慢慢地恢复了元气继续投入战斗。

是的，什么也打不垮我。我是一个内心强大的人，如果失败，我会蛰伏修炼，待到有一天时机成熟东山再起。我的心大到想装下天下，而且我是一个屡败屡战的人。我想直到我生命的最后一刻，我都会在战斗，哪怕我死了，我的身体也是向前扑的。

强大的魄力

优柔寡断的人是不适合创业的。纵观历史，历代君主里面最有魄力的人是雍正。雍正在位共十三年，之前他就曾历任朝中各部，深知朝廷坏处。所以，尽管他在位时间不长，但他仍然大刀阔斧地做了许多工作，乃至甘愿为此开罪全国读书人，有此胆量和气势者，非千古一帝不能相称。

当今企业家里面，董明珠是个特别有魄力的人。1991 年，董明珠在格力做业务员，刚进公司她就要追一笔 42 万元的欠款，欠账的老板是个老赖，很多人劝说过董明珠别费劲了，董明珠却说："我是格力的员工，格力的事就是我的事！" 于是她一个人花了 40 多天，天天去欠账老板的公司门口堵他，老板回家，董明珠就蹲在老板家门口堵他，最后老板实在是受不住了，就对董明珠说："我连人家 300 万元的货款都没给，42 万元根本不值得一提！"

董明珠听到这位老板的话，心里委屈得不行，就觉得这人赖的不行，还为难她一个新手，实在是不甘心，于是就对老板说："那你要么给钱，要么退货！" 老板一看董明珠急了，就说："那就退货吧！" 董明珠一听开心了，钱没有，货至少还能拿回来，有交代。但是，第二天董明珠去拉货的时候，这位老板又避而不见，怒不可遏的董明珠又去堵他，他去公司，董明珠就在公司蹲着，他回家，董明珠就蹲在他家门口。面对董明珠的锲而不舍，老板看糊弄不过去了，只好把货物给了她。

这就是魄力。这就是其他人都没胆量干，我就敢干，而且说干就干。这个世界是不以体面论英雄的，一身洁白无瑕的羊与兔，终究还是羊与兔。同时，“魄力”本身也是“判断力”的共生体，因为许多事儿，你只有敢做才更敢想，有了执行的魄力，你自然拥有比别人有更多的“招数”还有“手法”。

创业不也是这样吗？没办法文质彬彬，没办法温良恭让，没有那么多的讲究，你是要做出产品来，让用户愿意用金钱来买单，没有岁月静好，没有雅致的讲究。

任何岁月静好、矫揉造作以及所谓有趣的灵魂，在残酷的商业竞争中都是被淘汰的对象。只有集中一切精力，灰头土脸地往前冲杀，才能赢得竞争。很多人没做成事的原因主要是太尊重自己了，带团队太文质彬彬，优柔寡断。

当年所有的人都劝我不要离职，捧着公办学校的铁饭碗衣食无忧，所有人都很羡慕我有两个假期，一个暑假一个寒假。可是夜深人静的时候，我扪心自问：“你想过什么样的生活？”每每这样自问的时候，我就惊出一身冷汗。我的内心告诉我，我并不想过这种安逸的生活，我向往跌宕起伏的人生，我想像雄鹰一样在天空中翱翔。于是毅然辞职。

这两年每每遇到机遇和挑战，当我的同行犹豫不前的时候，我都勇敢地往前走。我的同行不敢走出安逸的三线城市，蛰居在一个小地方岁月静好。而我不怕奔波和劳累，杀伐决断，在幼教江湖上开疆拓土，从三线城市进入浙江省会杭州，最后进入上海。那些和我一起起步的同行，依然守着一两家幼儿园不敢走出义乌，他们只能远远地看着我，再也追不上我的步伐。

反省并持续学习

曾子曰：“吾日三省吾身：为人谋而不忠乎？与朋友交而不信乎？传不习乎？”

人处于多种多样的社会关系中，要想使这些关系变得有价值、有意义甚至有生命，每个人都需要从自我做起，而最关键的便是学会反思。人生最困难的事情就是认识自己。只要学会反思，才能不断认清自己，才能迈上更高的台阶。

学会反思，是成人世界里的生存技能之一，那要反思什么呢？

1．做事是否忠

所谓忠，以曾子看来即是尽力为人谋，朱熹注解忠为“尽己之谓忠”，就是说当我们在替别人做事时，是否做到尽心竭力。这不仅是一个人办事能力的体现，更体现一个人的人品。

中国古代有句名言：“得黄金千两，不如得季布一诺”，即一诺千金。严格要求他人容易，自我要求却很难。但一旦许诺了别人，就要做到忠，就要做到竭尽全力，这是一个人素质的体现。所以，曾子告诉我们要常常反思自己为人谋时是否忠，这也是一种人生智慧。

每一件事情的完成有时不单靠一己之力，更要团体的分工合作。若事情最后出现不理想的结果，我们需要的是自我反思：若未能尽心尽力，则勇敢承认；若竭尽全力，纵然别人如何指责，自己也问心无愧。这是一份自信，这也是反思的力量。

2．交友是否信

中国自古以来便将诚信作为立身之本。孔子曰："人而无信，不知其可也？"一个人没有了诚信，不知道他还有什么值得交往的地方？良好的友谊维系，靠的便是诚信。

中国古代关于朋友之间诚信的故事有很多，最有名的便是鸡黍之交。东汉时期，有一人名叫范式。进入太学求学，结识了汝南郡人张劭，二人成为好朋友。学满之后，两人相互告别归乡。范式对张劭说："两年之后，我会回来，到时候去你家拜访你的父母。看看你的孩子。"两人约定好时间后，便各自分离。

两年的约定时间即将到来时，张劭把之前的约定告诉母亲，让母亲布置好酒食等候范式的到来。张劭母亲听后很惊讶，说道："两年前的约定，如今又相隔千里，你还相信这样的约定吗？"张劭回答："范式是个讲信用的人，他一定会来的。"母亲也只好去准备酒食。等到了约定时间，范式果然到来，二人互拜对饮，后尽兴而别。

"人际关系最重要的莫过于真诚，而且要出自内心的真诚。真诚在社会上是无往不利的一把剑，走到哪里都应该带着它。"朋友是亲情之外，最让人温暖的感情，但这样的感情也要依靠诚信来维护。

3. 所传是否习

知识的学习既在于不断学新，也是一个不断回忆旧知识的过程。传而去习都强调的是主动学习的过程。学习的场所不仅是学校，人生处处皆学问。学习不在学什么，更重要的是一个自我提升的过程。

在主动学习的背后，体现的是我们高度的自律。曾看到一句话：“自律，是解决人生问题的首要工具，也是消除人生痛苦的重要手段。”一个能做到高度自律的人，才能掌控自己的人生。

当你清晨还昏睡在床上时，有人已经在外面晨练跑步，所以他有了好身材；当你沉迷于游戏、网络时，有人却坚持在读书学习，所以他出口成章。

《奇葩说》中杨奇函曾说过一句话：“我每天晚上都会问自己：你比昨天更博学了吗？”这句话让无数人捧腹大笑，现在想来不正是曾子所要说的“传不习乎”吗？因有极高的自律性，才能始终不放弃学习，才让今天的自己比昨天更博学。

真正的成熟是学会反思，在反思的过程中建立强大的思维模式，在反思的学习过程中不断提升。如今我一有机会就会参加各种学习，在每一段的学习过程中，不但结交了新的朋友，还把自己的认知带到了一个新的高度。后来我报考了北师大的学前教育博士班。两年的学习让我系统地知道了学前教育的逻辑理论。毕业以后，北师大的导师让我做北师大的兼职教授，给全国的园长上课，圆了我的大学老师梦。

我们低头做事的时候，还要抬头看天。比你的竞争对手学习速度更快，是唯一可持续发展的道路。

经常听到这样的话：学习就要闻鸡起舞，学习就要头悬梁，锥刺股。好像学习就是一片苦海，唯有刻苦努力才能学有所成。但其实你本不必吃这些苦也能学得很好。很多时候你学不好不是因为你不够努力，而是你不知道科学的学习方法，不问方法的埋头苦学往往事倍功半。每个领域的牛人，无论他们做什么行业，无论他们的基础学历有多高，无论他们的起点有多低，这些人在各种压力、需求下都具备了很好的学习能力。

你永远赚不到超出你认知以外的钱，你所赚的每一分钱，都是你对这个世界认知的变现。你所亏的每一分钱，也是你对这个世界认知的缺陷。这个世界最大的公平在于当一个人的财富大于自己的认知的时候，这个世界会有 100 种方法来收割你，直到你的财富和认知相匹配为止。

第五章

如何找到需求

做个生活的有心人

创业是一件“九死一生”的事，意味着你需要早出晚归，全身心投入，可能会影响身体，顾不上家庭，没有收入等，所以我们在创业之前，一定要想好自己的资源、人际关系、资金、模式、团队、业务等，提高创业的成功率。

如果我已经下定决心创业了，可是创业的方向在哪里呢？生活也好，工作也罢，要想发现创业机会，来自生活的点滴，来自自己接触的人和事。我们要做个有心人，懂得观察和思考，全身心地投入到生活的观察中去。

商业机会不一定就是创业机会。

商业机会分为两类：一类是昙花一现的商机，这是一般性商机；另一类是会持续一段时间，且不需要较多起始投入的商机，这才是适合创业的商业机会即创业机会。创业机会有三个重要特点：一是会持续一段时间；二是市场会成长；三是创业者有条件利用。但是这种创业机会很难把握，需要你有非常大的眼界和思维，才能发现别人发现不了的机会。

我们要学会辨识，分析这种机会的未来大概是什么样子的。要借助职业经验和商业知识，再加上理性的分析与思考，去了解特定机会的方方面面，进而判断我们利用特定机会的商业前景如何。

对某一创业机会进行辨识之前，首先需要进行“机会界定”。对一个无法明确界定、或没有明确界定的创业机会，是无法进行具体分析和筛选的。在此基础上才能对该机会进行分析，进而判断该机会与特定的创业者是有关的、还是无关的，是有利的、还是无利的，以及利大还是利小。

对某一创业机会进行辨识，通常需要就四个方面的内容进行分析：一是特定机会的起始市场规模有多大；二是特定机会存在的时间跨度有多长；三是特定机会的市场规模将随时间变化而增长的速度与规模上限；四是特定机会对于特定创业者的有利程度。

漏斗筛选出好机会。一般而言，较好的创业机会有五个特点：一是在市场中前五年的市场需求会稳步快速增长；二是创业者能够获得利用该机会所需的关键资源；三是创业者不会被锁定在刚性的创业路径上，而是可以中途调整创业的技术路径；四是创业者有可能创造新的市场需求；五是特定机会的商业风险是明朗的，且至少有部分我们能够承受相应的风险。

面对较好的创业机会，特定的创业者需要回答四个问题：一是创业者能否获得自己缺少但他人控制的资源；二是遇到竞争时，自己是否有能力与之抗衡；三是是否存在该创业者可能创造的新增市场；四是该创业者是否有能力承受利用该机会的各种风险。

创业者还需要关注“机会窗口”，因为机会都是很短暂的时间出现的。

创业者选择了适当的创业机会，还需要在“适当的时间段”内启动创业、进入市场。这个适当的时间段，就是创业的机会窗口。换言之，特定的创业机会仅存在于特定的时段内，创业者只有在这个时间段内启动创业、进入市场，才有可能获得相应的商业回报。

创业一定要在自己熟悉的领域创业，隔行如隔山。在自己的熟悉的领域，你经过了多年的历练，有了相关的人际关系、经验、资源等，创业的成功率相对来说就会高很多。思考最适合自己的赚钱方式，不少人在创业路上都是跟风行动，所以导致了自己血本无归。每个行业都有每个行业的门道，你在外面只能看热闹。

2003 年，我正在卖玩具。我的一个客户是开幼儿园的，他一下子采购了我 1 万元玩具，我去送货的时候在他的幼儿园和他闲聊。我说你好端端的一个名校毕业生，为什么要去做幼儿园呢？当时在我眼里做幼儿园的人都很低端，我想不明白，这个复旦毕业以后又去美国留学回来的他，为什么要去开一家幼儿园？难道仅仅是因为爱孩子吗？

“爱孩子是肯定的，喜欢一件事情，你才会投入全部的精力和毕生的才华。”他的眼中有光，他还说：“哪个行业有幼儿园那么稳定呢？哪个行业是预收款，你只要做好服务就可以了呢？哪个行业客户给你钱还对你很尊敬呢？”唯有医院和教育。医院能治疗一个人的身体，而教育是用人点亮人，他能改变一个人的命运。尤其是学前教育，他是一生教育的基础和根基。

我听了若有所思。处处留心生活的我，于是开始关注学前教育。我知道义务教育政府管控很严，如果要做教育，要么做学前教育要么做高中教育。家长愿意大量花钱的，除了给孩子，不会有其他。孩子几乎是一个家庭所有的希望。我们卖的是梦想，是希望。客户是为他自己的梦想和希望买单。

从那以后，我在卖玩具的时候，我都会问家长，你在哪家幼儿园上学？你觉得这家幼儿园是你理想中的幼儿园吗？我的玩具大多数都是父母买来给孩子用的，于是我接触了许许多多的家长。我在三个月的调查中了解到义乌的幼儿园极度不饱和，父母们想找一个好的学校，却不知道在哪里。我觉得我的商机就在这儿，说干就干，当时还在学校上学的我立马开始找场地注册了一家幼儿园，开始了我的幼儿园经营的道路。

也正是那一年，观察调研开创的幼教事业，伴随了我整整 17 年。我在想我的终生都会奉献给幼教事业。

17 年过去了，现在再有人问我幼教是个好行业吗？我会回答他不是了。2018 年 12 月 18 日教育部出台了一项政策，规定所有的幼儿园 80% 普惠，50% 必须为公办园。我们大量的营利性幼儿园都被要求普惠。普惠的意思就是政府限价，原来一个月收 6 000 元的幼儿园只允许你一个月收 225 元，虽然政府会给你少许的补贴，可是依然覆盖不了成本。于是大量的同行倒闭了或者被政府收购。这就是创业的窗口期。17 年前和 17 年后的现在政策环境完全不一样了，正所谓此一时，彼一时，过了这村，没这店了。

帮助他人才能成就自己

每当夜深人静的时候，我经常问自己活着的价值是什么？一个声音在回答："做一个对社会有价值的人，做一个能因为你而让这个世界更美好的人。"我没有专业的、博学的知识进行发明创造来改变人类的生活，我也没有出色的艺术才华可以用歌声或者舞蹈给人们带来愉悦。我唯一的特长就是懂教育，懂管理。我将用我的特长从事教育行业，带领一支500人的团队，为培养健康自信，具有国际视野的儿童而奋斗终生。

商业的本质，就是人性。帮助他人，才能成就自己。

你身边人如果都能发达了，你也不会差到哪里去；你身边人如果都先后落魄，你又能好到哪里去呢？身边都是能人，总比身边都是普通好。在关键时刻，能拉你的人，一定是和你熟悉的身边人，而那些陌生人，再发达也不可能给你丝毫的帮助。

《东邪西毒》里有句台词：任何人都可以变得狠毒，只要你尝试过什么叫嫉妒。世上最可悲的事情，莫过于战胜了外界的困难，却被身边人暗地里捅了一刀，而你平时却还拿他当亲人，当朋友。世上最怕的对手，不是来自敌人的明枪，而是来自身边人的暗箭。

喜欢送花的人，周围满是鲜花；偷偷种刺的人，身边满是荆棘；嫉妒身边的人，会让自己陷入万劫不复。胡雪岩曾经说过花花轿子人抬人，双赢才是最高境界的赢。赠人玫瑰，手留余香。

我们行业的龙头老大，大地幼教公司之所以能做到上市，就在于其有广阔的胸怀和为他人着想的善良。别的公司扩张的时候都一定要控股，在收购、兼并的时候牢牢地抓住控制权。这就导致了他的公司做不大，因为行业里面的小老板虽然小，但都有傲骨，总觉得我的小幼儿园我说了算，对他来说失去控制权就等于失去了一切。于是其他公司在收购、兼并的时候频繁地遇到阻力，而大地公司却畅通无阻，这在于他懂人性，他愿意放弃控制权，参股15%～49%都可以考虑。他的大度和为他人着想，帮助他迅速成为中国最大的幼教集团，全国经营连锁500家，员工达到2万人，每年培养超过12万名儿童。

大地公司总是让利于他的合作伙伴，让他在全国找到了许许多多的合作者，而我就是其中的一分子。在我与同行交往的过程中，我从来不会因为他是我的同行而藏着掖着，不去帮助。我曾经因为帮助我的同行，然后成为他的股东。我也曾经因为帮助我的同行，获得了很多行业资源。

而在我写微博的这三年来，因为无偿帮助网友，结识了很多优秀的人才。他们活跃在各自领域，与我互通有无，惺惺相惜，一起成长。如今拥有44万微博粉丝的我，收到粉丝很多的温暖和爱。

我也被坑过害过。我的同学，我的亲人曾经骗我300万元。第一次被骗62万元的时候，我整整哭了三天。第二次被骗150万元的时候，我一滴眼泪也没有流。遇到过很多伤害过我的人，我依然相信美好和真诚。总有那么一小部分人，他们能感应到我的付出和热情，他们能接住我的手，对我说，来，我们一起往前跑。

在你帮助他人的过程中，你就发现了他人需要什么，而这个需要就是商机，就是你创业的方向。

创业的机会在哪里？在他人的需求里。你能帮助多少人，你的事业就能做多大。

你今天帮助他人了吗？

红海还是蓝海

红海市场，是指现有的竞争白热化的市场。因为竞争已经很残酷，所以叫“红海”。红海代表现今存在的所有产业，也就是我们已知的市场空间。所谓蓝海，是指未知的市场空间。企业要启动和保持获利性增长，就必须超越产业竞争，开创全新市场。

在红海中，每个产业的界限和竞争规则为人们所知。随着市场空间越来越拥挤，利润和增长的前途也就越来越暗淡。与之相对的是，蓝海代表着亟待开发的市场空间，代表着创造新需求，代表着高利润增长的机会。尽管有些蓝海完全是在已有产业边界以外创建的，但大多数蓝海则是通过在红海内部扩展已有产业边界而开拓出来的。

那么在红海中如何发现人们的需求呢？

几乎所有的商业起步都是基于信息的不对称，因为卖家和买家的信息不对称有了淘宝；因为旅店和游客的信息不对称，有了携程……然后当这种不对称发展成为足够大，形成商业壁垒时，就有一个独角兽出现了。引用罗振宇的一句话："在中国，所有的生意都值得再重新做一遍。"

使用战略布局图，绘制你的产品或服务的当前战略布局图，能够让团队成员对当前的产业动态有一个客观的全面认识，并将这种认识在组织中传递推广。

战略布局图是一张视觉分析图。它描绘了一个组织的产品针对买方的配置方式及与竞争对手的对比关系。它清晰明了地呈现了战略的四个关键组成部分：竞争元素、为买方提供这些元素的水平、你和你的竞争对手各自的战略轮廓和成本结构。

找到客户的痛点。痛点是指，买方在知情或不知情的情况下，被迫容忍一项产品的某些方面。而这些方面要么降低买方效用，要么带来很大不便，令非顾客转投其他产品。

我以我的幼教公司为例来说说怎样使曾经的红海转变为蓝海。

1. 热爱

核心团队应喜欢这个行业，否则很多事情没法做。核心团队对行业是否感兴趣，是否认可教育理论，这些因素都会影响幼儿园的经营。

2. 标准化的运营体系

我们要靠体系，而不是靠人。有了体系之后企业对人才的依赖会有所减弱。比如教学很难，但是师父式的一对一的指导以后，辅以标准化流程，他掌握起来并不难。实践过以后才知道水深浅，有些事情听着很容易理解，但是做却很难。

每个岗位的工作流程，部门的业务流程做得好、执行得好，肯定会大幅提高我们的经营质量。营销方案好，引流成功了，也还需要内部给力。流程只有 80% 通用，另外还有 20% 是需要根据企业自身情况来调整的。事实上运营标准化体系不是“给你一套体系”，而是让你自己具备建立、更改、掌控这个体系的能力。

3. 选址、装修、布局

十年前、五年前的选址和现在有很大不同。以前幼儿园选址都要靠近商场和市中心。如今我们幼儿园选址都是靠近大型的社区。停车问题也很重要，不能停车会严重制约幼儿园的发展。

装修要豪华，当家长并不了解你的教学的时候，一定要用教学环境展示实力。纵观五星级酒店，能那么高的价格，就在于它的环境和服务，床还是那个床，但是环境和服务不一样，收费就有好几倍的差距。

4. 组织架构和岗位职责

并不是只有很大的幼儿园才要设置组织架构，越小的幼儿园越要做，小的时候做会比较简单，更容易见成效。所有岗位的职责要非常清晰，小到保安和阿姨，大到园长，都要有具体的标准和要求。

5. 营销推广

在幼教这片红海中，常规的营销方案就是发广告单，做些大型的活动，比如六一晚会。我们公司做的营销都是独辟蹊径。

假如你能发现一片蓝海，创业就能事半功倍。其实往往红海中就孕育着蓝海。因为红海现象本身就能证明这个领域的热度和成熟，那么多人在做，说明有巨量的消费者，而纯粹的蓝海虽然创新潜力大，但需要去教育用户，这个成本实际上也不小，而且很多蓝海看起来美，执行起来就会发现是个虚假的概念。

我们来说说新华书店。传统的新华书店从我有记忆的时候开始，硕大的红色招牌就是它的标配，进入书店后，很多小学生坐在地上看着新出的漫画。很多年乃至现在，新华书店还延续着那份“传统”，全国各地的新华书店基本也都大同小异。

这种现状像极了很多传统手工行业，其实推而广之，很多做线下或是线上生意的商家，又何尝不是如此。那么新华书店在竞争激烈的数字信息时代，如何让沉迷于手机、电子书的阅读者能够再次回到新华书店呢？

我个人认为，首先就要改变新华书店的装修。别小看了形式的变化，我们每个人都依附在不同的环境中，而环境的改变，对人的影响是巨大的。拿最简单的来说，以前去新华书店都是站着，如果要坐就是席地而坐，而如今不仅可以坐，甚至去晚了还没有座位。这一站一坐的变化，就是本质的变化。以前新华书店更希望你买书，现在更希望你在这里逗留，它提供的不仅仅是书，还有一段与经典邂逅的时光。在您这里有了良好的体验，世上又哪有爱书而不买书的读者呢？

另外，在新华书店的多种创意中，还在其中设置了不同的角落和活动，例如，设置有茶书房区，在这里会请专家学者来精读一本书，然后众多读者可以在此分享交流彼此的看法，相互促进学习；同时还设置了读者分享区，就是给读者搭建了一个可以展示自己阅读后心得的小舞台，在分享的同时也是一种交际，你分享得好，对他人有帮助，自然你也会交到更多的朋友，而参与的读者，也会在单位时间内，尽可能地增加自己的阅读数量。都说书店要倒闭了，你看现在的言几又书店多么火爆啊。

我们做不了那些创造发明的科学家，像 5G 那样成就未来的华为。我们可以做一些微创新，在竞争已经白热化的红海中发现新的没有人的江湖，你就可以立于不败之地。

小即是大

《增广贤文》有言：“力微休负重，言轻莫劝人。会说说都市，不会说说屋里。”

现代量子力学，发现原子是由基本粒子组成，而基本粒子则是一种从不停息的持续运动。描述基本粒子，可以部分地用粒子的术语来描述，也可以部分地用波的术语来描述。即描述它们，需要借助两种相互矛盾的观点来描述。这就是波粒二象性。波，无确定性，无质量，弥漫整个空间。粒子，有确定位置，有质量，且区域化分布。

宏观上，波与粒子是对立的；但微观上，波与粒子却又是统一的。为此，有人说，世界是能量的世界；又有人说，世界是磁场的世界。运动能量，运动磁场，创造了世间万物。因此，爱因斯坦说，没有物质，只有场。磁场的类型，决定了物质与事物。

综上可知，人们常言的大与小，都只是表象。其真相，它们是一种运动磁场；其真相，它们都带有波粒二象性。也就是，看似相互矛盾的两个观点，实质上它们不仅相融，而且通过相互合作，才能完整地说明一个事物的真相。大，从小中来；小，又从大中得。

这矛盾的纠缠，可以这样理解：水之所以能够润泽万物，是因为它可以无形无态地渗入于万事万物之中。水的这种无形之小，成就了它无处不有之“大”。因为“小”，而成其“大”。因此，老子曰：“是以圣人终不为大，故能成其大。”

又有孔子的礼仪，它说的也是屋里屋外的各种礼仪细节。不说生活细节，那又如何深入生活呢？事实上，越是深入生活的细节，越能够易于人们的消化与吸收。

再说，“物格而后知至，知至而后意诚，意诚而后心正，心正而后身修，身修而后家齐，家齐而后国治，国治而后天下平。”没有深入细节的格物致知，又怎么意诚？又怎么心正？又怎么身修、家齐？没有小处的深入了解，怎么能够齐家治国平天下？

而这“诚其意者，毋自欺也”，也是从慎独的小处做起的。而“身有所忿懥，则不得其正；有所恐惧，则不得其正；有所好乐，则不得其正；有所忧患，则不得其正。”这里“正其心”所需注意的情绪，哪一个不是来自生活的细节？哪一个能够离开屋里屋外的细节？

从以上诸多方面来看，“会说说都市，不会说说屋里”这句话，并不是真理。而且，大家都熟知“芝麻开门”的故事。那么宝库的钥匙为什么是“芝麻”，而不是其他诸如玉米、小麦或苹果、西瓜之类的呢？想来，“芝麻”之寓意，正在于不怕麻烦、做好细节的意思。

当一个人努力做一件事时，能够达到一种不怕麻烦，注重每一个细节，并做好与之有关的每一件小事时；那么，这种虔诚的心态，便达到了成就与成功的心态。如此，还有什么“宝库”之门不能够被打开呢？

同样，这被打开的“宝库”之门、成功之门，也正是通往“大”的通道。因此，小即是“大”。“大”的程度，取决于“小”所通达、深入的程度。“小”至无限，即是无限“大”的展示之时。

不要小看任何小生意。哪怕是路边的煎饼摊，它也可以做大形成连锁。你看沙县小吃遍布全国各地就是这个道理。

老干妈在中国几乎无人不知，中国大部分超市和商店都可以买到，在全球市场也大受欢迎，有人说，有华人的地方，就有老干妈辣椒酱，许多外国人也成为老干妈辣椒酱的忠实消费者。这是一瓶不可小觑的辣椒酱。北美、欧洲、东南亚、日本、韩国……都能见到老干妈的身影。2016 年我去南极 17 天，就靠老干妈撑过来的。天天吃面包已经吃得想吐的我们，闻到朋友带的老干妈，那就是人间最美的味道。小小辣椒酱，成就一门大生意，小即是大呀。

义乌是全世界有名的小商品集散地，经济发达。这里有许许多多的创业者，做着小生意，却把这个小小的生意卖给全球。全世界大部分的袜子都来自义乌。一双小小的袜子成就了很多年销售额 10 亿元以上的大公司。

我的公司也是在义乌起步的。2003 年我在义乌开了第一家幼儿园，当时只有两个班 40 名学生，加上我一共 7 名员工，有时候老师请假，我就在小班亲自上课。小小的幼儿园没有操场，我们就把教室门口的一块空地围起来，作为孩子每天运动锻炼的地方。没有专业的厨房，楼上的屋顶就成了我们天然的露天餐厅。这家小小的幼儿园 17 年过去了如今还在，它的硬件设施已经跟不上时代潮流，教学质量却在整个义乌市名列前茅，导致每年学生都要排队才能报名进园。

星星之火可以燎原，我从爱咪儿起步，如今在全国直营 20 家幼儿园，员工从 7 名到 540 名，总部也从义乌搬到了上海，谁说小生意不能做大呢？

大家都曾听说过我的北大校友陆步轩吧。他用借来的钱租了个门店，卖起了猪肉。经媒体报道后，这件事轰动了全国，“北大才子，街头卖肉”也成了读书无用论的“铁证”，很多人也在抨击陆步轩，说他给北京大学丢人现眼，还送给了陆步轩一个“北大屠夫”的称号。

然而，让人们没有想到的是：就是在这众人鄙夷的卖猪肉行业，陆步轩却一步步地将连锁店开到几百家。他在做到了百亿身家的同时，还写了《猪肉营销学》《屠夫看世界》几本书。

我们不管在机场还是在大型商场总能看到味千拉面。2019 年 12 月 20 日，味千拉面在全球范围内的第 900 家门店开业了！从 1968 年到 2019 年，味千的大骨熬汤拉面已经陪伴了大家 51 年。秉承着与世界分享正宗大骨熬汤的日式拉面梦，味千拉面逐渐发展成全球拥有 900 家门店、遍布 15 个国家的拉面传奇，一年有 7 000 万人次吃到大骨浓汤拉面。味千拉面董事长“拉面女王”潘慰说：“作为一个企业领导人，既要全局把握公司的方向，也要深入一线去了解产品，了解顾客。因为我相信只有投入百分之百的专注，才能够把这碗骨汤拉面做得更好，这也是我从创业以来一直坚信的理念。”2007 年，味千拉面赴港上市，简单的一碗面做成上市公司谁又能想到呢？

老干妈，味千拉面，北大陆步轩的猪肉，义乌的浪莎袜业，我的幼教集团，这些一开始的小生意最后都成为让人羡慕的优秀公司。所以，创业者需要重新审视一下以前自己看不上的小生意，它往往就孕育着一个广阔的天地。

做个生活的有心人，去发现你身边的小生意吧。蓦然回首，那人就在灯火阑珊处。就是这样的，您看，眼前的小生意在向你招手，可它也许就是将来的大生意。

第六章

向管理要利润

人治还是法治

创业伊始，创始人就是一切，此刻拘泥于太多条条框框就是迂腐。市场机会稍纵即逝，靠的是豪情，拼的是胆识，就五六个人，人治此刻是必需的。以一当十、当百。在创业期，团队人数很少，资源特别紧张，你连雇个专职HR都舍不得，当然更没钱养什么候补团队。这时，如果你把大公司的法治文化带进来，比如20页的员工守则，50页的考核制度，估计很多人会想：就给这点钱，让我陪你玩游戏？然后都跑光了。但还好的是，因为人少，你一抬头就能看到所有员工，每个人什么性格，有什么喜好，你全知道。你对这些员工的管理，完全可以写在心里，而不是制度里。这时怎么管？人治。大块吃肉、大碗喝酒、立投名状，然后说：兄弟们，未来什么都有。人治当然有问题，比如容易形成一言堂，但是灵活，而且成本低。

到了成熟期，你已经没法在心里管理500名员工了。这时，你必须诉求法治。人治是弹性的，法治是刚性的。人治讲求权变，法治讲求不变。所以一旦走向法治，就必须严格执行。严格执行，就有成本。法治的成本包括立法成本、执法成本、司法成本。HR有专人制定招聘方法，行政部有专人制定员工守则，财务部有专人制定报销制度。这些都是立法成本。然后万一有人有法不依呢？轻则警告、处罚，重者要解雇。这时，你就需要候补团队了。候补团队，就是你的执法成本。但是，你怎么知道谁遵守，谁不遵守呢？你需要审计和督查团队，不断检查组织健康度。这就是司法成本。法治是有疗效的，但也是有成本的。

如果公司到了转型期，那就是第二次创业。一旦进入转型，企业再次回归不确定，你又要开始大块吃肉、大碗喝酒、立投名状。如此往复。创业期、成熟期、转型期。你会逐渐找到企业的愿景、使命、价值观，拥有自己的企业文化。

假如你的公司是处于人治的阶段，那就要注意避免以下两个问题。

1．人治可以，不要伤害人性

人治的特征不仅仅是“老板说了算”的问题，而是老板在很大程度上控制了你的思想、你的时间、你的精力，甚至包括你做事的方式和方法。

这方面主要有两种表现，一种是家长作风，以老大自居。这样的领导往往有很强的控制欲，而且很强势，一切都要按照他的想法来做，由他来画“框框”规定你做什么，不做什么。有时，他也会鼓励下面的人要有主动性，而一旦有人违背他的想法的时候，他就会“打压”你，比如公开地批评你，贬低、嘲笑你等，让你不得不回到他的想法上来。

而聚在他周围的人，或者说得到他喜欢和信任的人往往都是那些听话，想方设法让他高兴的人。许多有能力、有激情的人最终变得默默无闻，碌碌无为，就是被这样的领导“折磨”过来的。

另一种是追求完美，好大喜功。这样的领导就是一个工作狂，不断地对下面施加压力，自己不休息，也不让下面人休息，对工作稍有不满意就大动肝火，从不考虑他人的想法，也不给他人留面子。

遇到这样的老板，你会感觉很压抑，很疲惫，很无奈。如果老板“精力旺盛”，而你又是“左膀右臂”，或者身居重要的岗位，那么你的境况会更加糟糕。

许多非常优秀的经理人为老板做了许多事情，老板也非常信任他、关照他，最后纷纷以“照顾家庭”“修养身体”的理由提出离职，不是利益的问题，而是心情的问题。

2．人治可以，不要伤害制度

人治的另外一个突出的特征是轻视制度。不是从制度的层面来强化管理，提升组织效率，而是不断地以领导的“期待”“要求”等来淡化制度的影响。当一个企业是以“领导为中心”，而不是以“制度为中心”的时候，那么“老板文化”就会成为主流。一种现象是，做什么事，怎么做，不是集思广益，寻找更经济、更有效果的方法，而是先问“老板是怎么说的”。如果老板没有说法，最好等老板说了再做，老板有了说法，就按老板的说法去做。人们常常会用“老板说……”来强调某项工作、某个做法的重要性。

只要是“老板说的”，大多数情况下人们就会遵从老板的意图做事，而不是质疑或反对，即使这样做违背规章制度。

另一种现象是“学领导讲话”。抓管理不是从制度抓起，而是从领导讲话抓起。这也导致企业里很多的管理制度被束之高阁，甚至是一些新下发的制度也不能得到有效落实。人治的问题并不在于“领导说”可能是错误的，而是有可能会把“领导说”的错误放大，造成更大的错误，甚至是无可挽回的错误。

对于一个创业者来说，人治的分寸感把握是非常难的，分寸感掌握好才能带动企业高速的发展，这样等企业有了一定的资本后，就尽快地过渡到法治。

人治的时间不要太长。公司内部涵盖了无数组人与人的关系，大量的欲望融合着、冲突着，人性的自利驱动着公司，人性的自私又瓦解着公司，公司治理其实是对人性的治理，如何用各种利益平衡人，又如何平衡各种人的不同利益，是公司治理的目标。

我们幼儿园有位老师带着一群小孩子过马路，她让孩子们拉着一根绳子，排成一个队伍，老师在前面带路。过马路时，有个孩子的鞋带松了，但他没有停下来系鞋带，而是走到马路对面才蹲下来系鞋带。看到这一幕，我不由地对这位老师产生了敬意。我走过去，问那位老师："为什么孩子鞋带松了，他也不会停下来呢？"老师说："因为如果孩子松手了，就得不到小红花，得不到小红花就不是好孩子，这是对他最大的惩罚。"

我们管理企业也需要这样的一根"绳子"，并且要让全体成员都拉着它，谁松开了手，谁就会受到惩罚。这样，大家自然会团结起来，团队才会具备执行力。反之，如果老板不要这根"绳子"，或这根"绳子"松散，对大家就构不成约束力，大家就不会对"绳子"产生敬畏感，这对企业发展是致命的危害。这根绳子是什么呢？很明显，它就是"制度"。

总而言之，采用人治还是法治是有阶段性的。归根结底，一个优秀的企业最终一定会走向法治。一旦拥有了大家真正信仰的企业文化，你就会进入梦寐以求的"无为而治"。

愿景使我热爱工作

著名的日本京都制陶公司成立伊始，因业务发展非常迅速，企业的创办人稻盛和夫经常要求年轻的员工加班，星期天也不让他们休息。一种不满的情绪在员工中间蔓延。一次加班之后，一群员工喝醉了，借着酒意决定用强硬的手段向公司提出自己的要求，并以集体辞职相威胁。第二天，员工提交了按了血指印的抗议书，提出了诸如加薪、增加奖金的要求。

这件事深深地刺激了稻盛和夫，他陷入了深深的思考："我创立京都制陶原是为了让我的技术闻名于世，现在看来，应该还有更为重要的事情。公司究竟是什么？公司的目的和信念是什么？要争取什么？"经过痛苦的思考，他省悟到："经营公司的目的是为全体员工谋求物质和精神方面的幸福，为人类社会的进步贡献力量。而让技术闻名于世其实是低层次的价值观，是次要的事情。"从此以后"为全体员工谋幸福，为社会发展贡献力量"成为京都制陶公司的追求目标，也成为公司上下共赴的使命。企业发展越来越大，员工的忠诚度也越来越高。后来的研究者把类似于稻盛和夫的做法叫作愿景激励。

我们知道一个人躺在地上，如果他不想起来，那么 10 个人也拉不起他来，即使起来了也马上会趴下。所有的动力都来自内心的沸腾。如果你做不到一件事，无论是搞好关系，还是寻找爱人，还是减肥，都是因为你还没有真正想做。

举目四望，你很容易就能发现：很多人的生理和心理上的需求得到了满足，但他们仍然不满意，奔突不止，躁动不安，缺少一种能使他变得生机勃勃的动力，缺乏稳定祥和。像这样缺乏主动性的员工，永远不能成为一家公司的骨干。

你可曾体会种子的疼痛？那种挣开包裹自己的硬壳、顶出板结的土壤的苦难，对一个柔弱的芽来说，可说是顶天立地的壮举。一个人觉醒时的力量，应该大于一颗种子吧。

把梦想变成现实，叫醒我的不是闹钟，是梦想、是愿景。

生活中有太多的人每天都处在一种被生活追着走的被动状态。每天睁开眼，对于自己即将面对的状况都保持着警惕，大脑一片茫然，不知道今天接下来会发生什么，自己又需要应对些什么突发状况，总觉得还没开始新的一天就已经满身疲惫。所以每每到下班的时候，我们总会觉得自己拖着满身疲惫回家，颇有一种“人为刀俎，我为鱼肉”之感。人们好像总是会不自觉地为自己设限，总觉得自己这样不行，那样做不好，面对困难的时候第一反应是“哎呀，好麻烦”，那什么是麻烦呢？我们又能采取怎样的方式超越界限呢？怎么样才能成为一个有动力的人呢？

当我们意识到我们做一件事的结果是什么，也就是我们想要获得的东西是什么，这才是我们的原生动力和愿景所在。认清自己内心真正的需求，理解这件事对自身的重要性和迫切性，才是促使我们主动的，获得源源不断的动力来源。

给员工一个愿景吧。愿景是一幅未来的画面，明确或含蓄地揭示我们需要走出暂时的舒适区，去为未来努力，为了美好的未来做出暂时的牺牲。

有个人来到一个建筑工地，那里有三个人正在工作，他先问第一个人：“你在干什么？”那人说：“我在砌砖啊。”他接着问第二个人：“你呢？”得到的回答是：“我在修一堵墙。”然后他又走到第三个人那里，问他：“你又在干什么呢？”那人正一边哼着小曲一边干活，对他说：“我呀，我在修一座大楼。”

倘若你想最大限度地影响别人，就应该给他们讲愿景故事，并使之成为他们心中的大楼。在愿景故事里，你要把点点滴滴编织在一起，特别是那些艰难抗争和让人倍感沮丧的细节，这样才真实可信。

员工知道了我们的愿景以后，他们接下来最想听到的就是，你能给他们带来什么好处。举个例子，你是一个企业领导者，向员工豪情壮志地说明年公司要挣一个亿，并且为此热血沸腾、斗志满满，但是员工们内心毫无波动甚至在想午饭到底吃什么。因为他们很清楚，他们越给公司拼命你赚得越多，这跟他们没多大关系。但是，如果你说公司挣了一个亿的话每人工资翻十倍，大家纷纷地问你，我们公司还要不要人了？

作为一家幼教公司，公司的愿景是培养健康自信，快乐多才的孩子。我们不仅仅是在照看孩子，更是在为他的一生打基础。所以，我们的使命是让我们的孩子每天进步一点点。我经常对我的老师说，我们不是生产衣服，衣服生产坏了就可以扔掉，我们也不是生产机器，机器坏了我们也可以不用。我们培养的是人，人培养坏了，我们不可能让这个孩子再钻回到妈妈的肚子里重新来过。

带着崇高的愿景，神圣的使命，老师的职业自豪感油然而生。我骄傲，我快乐，因为我培养的每一个孩子都有可能改变一个家庭的命运，甚至改变一个国家的命运。我们这样的公司需要用愿景去唤醒我们的员工去努力奋斗，一个人要对工作热爱，只能来自自己内心的愿景。

有一天，乔布斯亲自来到斯卡利的办公室拜访他，两个人从电脑设计，聊到企业管理，从百事和苹果的异同，聊到市场营销的经验、技巧。乔布斯直接询问斯卡利，是否愿意加盟苹果公司，斯卡利对乔布斯说："史蒂夫，我真的很愿意成为你的顾问，为你提供一切可能的帮助。因为你是我遇到的最好的人。但我不想去苹果工作，无论薪水多高，我都不想去。"乔布斯低下头看着地面，咬着嘴唇一言不发。这片刻的宁静让斯卡利感到浑身的不舒服。突然，乔布斯抬起头，用犀利的眼神看着斯卡利，说出了一句让斯卡利终生难忘的话："你是想一辈子卖糖水，还是想改变世界？"斯卡利觉得，这句话像钟磬一样敲在心头铮铮作响。面对乔布斯的诚意，在一次可能改变世界的愿景面前，他明白，自己无论如何也不能说"不"，因为乔布斯点燃他的激情，清晰了他的愿景。

乔布斯在2005年的6月站在斯坦福的毕业典礼上，用三个故事平静地回顾了他的生活和追求。三个故事从生命、到爱、到死亡，娓娓道来，讲述了生命之始、生命之爱、生命之末的三部曲。在谈到他对工作的狂热和执着的时候，演讲里有这样一段话："有些时候，生活会拿起一块砖头向你的脑袋上猛拍一下，不要失去信念。我深知，唯一使我能够一直走下去的，就是我对工作的这份热爱。你一定要找到你热爱的东西。对于工作如此，对于你的爱人也是如此。你的工作将会占据生活中很大的一部分，你只有相信自己所做的是伟大的工作，你才能怡然自得；而要想做伟大的工作，你首先必须热爱它。如果你现在还没有找到，那么继续找、不要停下来。只要全心全意地去找，一旦找到了你就会知道的。热爱的工作就像真诚的关系，随着岁月流逝会变得越发美好。所以继续找，直到你找到它，不要停下来！”

当企业的领导者在思考多少年以后，我们的公司将对周围世界做出哪些贡献？从哪些方面看，我们的团队是值得引以为豪的？我们的价值观是什么？同事之间如何彼此相待？所有的问题都要让员工参与进来，一起来思考，一起来决定。

权力还是责任

权力是被赋予的，责任是争取而来的，反过来，有多大责任就可以承担多少权力。我曾见到很多负责人，他们只希望享有权力而不希望承担责任，比如承接一个项目，有些人第一考虑的是，这个项目我的奖金是多少？我可以支配的人员是多少？我可以动用的预算是多少？但当公司问到，什么时间可以完成，如果完不成风险怎样控制等这些具体问题时，就含糊不清，到最后，如果项目出现问题，就以各种客观条件不到位为理由推脱或者干脆就把责任推到下属那里去。

在企业中这样的人，其实与滥用权力的人是一样的。长此以往，企业便不会往好的方向发展，因为滥用权力而不主张责任，所以企业的风气也不会好。

牛人团队可以给企业带来指数型经济增长。

牛人团队是拧在一起的，他们会为公司做好集体牺牲的准备，在困难面前一起冲锋陷阵，但谁也不会居功自傲，因为只有牛人团队知道团队的重要性。

牛人团队有天然的团队使命感，一个团队的荣耀或者整个团队的问题是每个人的问题，一个人的责任是每个人的共同责任。牛人团队最希望享有的权利是主张权，是整个团队的想法主张可以一起实现。所以他们不是单一地希望工资、奖金、职位、前景，而是集体价值的提升。

无监督不成权力，无责任不配享有权力。我常常和我的高管说，你们决定了你们旗下 500 名员工的职业生涯和未来。一定要启用那些有责任、有担当的人，而不是滥用你的权力提拔那些对你个人有利的人。

就在前两天我辞退了我的一位园长。要知道像我们这种有 5 000 名学生的教育企业安全是重中之重，没有安全就没有一切。我们其中有家幼儿园，有位爸爸在我们没有上班之前把孩子送来就走了。孩子一看门口没有人，他就走出去找爸爸。直到半小时以后，老师们上班了发现门口的签到处有这个孩子的父亲签名，但是没看到孩子。联系父母以后，他父母也慌了，因为他们把孩子送到幼儿园以后，也就没有见到过这个孩子了。立马报案以后，大家都在小区周围四处寻找这个孩子。而我知道这个事情的时候，孩子已经走丢两个小时了。

我非常生气，我的生气不仅仅是因为找不到孩子，我生气的是再三强调任何安全事故，立马要通知我这个法人，但是我的园长两个小时过去了，她都没有给我打过一个电话。

我立马出动所有的人员到处去找这个孩子。又过了一个小时孩子找到了，我才接到园长姗姗来迟的电话。她用欣喜的口吻告诉我孩子找到了，可我一点也高兴不起来。除了对万一这个孩子找不到的深深的恐惧以外，是对这个园长的失望。难不成有一天你送我进监狱，我都不知道我是怎么坐牢的吗？我用了你最大的成本是你犯的所有的错误和损失，都要我法人承担，但请你告诉我，你犯了什么错？让我第一时间去弥补你犯的错，把损失降到最低。

我不怕我的园长水平低，就怕我的园长没有勇气和担当，欺骗我。

彼得·德鲁克曾经说：“管理者的任务就是创造一个大于各部分之和的整体。这就如同交响乐队的指挥，通过他的努力、他的想象力和他的领导艺术将每个人发出的嘈杂的声音组合成美妙的音乐作品，但是指挥家是以作曲家的乐谱作为依据的，他只是一个诠释者，而管理者则既是作曲家又是指挥家。

德鲁克把管理者描绘成一个能乱中求治的人，但有时管理者并不能决定他自己的行动。电话铃时而响起，记事簿上一长串的会议，下属因为个人或组织问题的来访及别的预想不到的事情纷至沓来。不管你怎么忙乱，都请你一定要记住，你一定要有勇气和担当。

管理人员将他们的大部分时间花在口头交流上。对于不同层次的管理人员来说，与别人联系的频繁程度也不同。第一线的管理人员处理眼前的问题，中层管理人员处理短期内的问题，而高层管理人员处理长期性问题。管理工作是忙碌的和片段性的，这就需要管理者有能力将注意力迅速地从一个人转移到另一个人身上，或从一个问题转移到另一个问题。

我们也还记得那个为了中国人而牺牲的白求恩。他毫不利己，专门利人的伟大精神的一个重要体现就是他对工作极其负责任。并贯穿于白求恩的每一个行动，甚至他的每一句话。

有一次，白求恩在病房里看到一个小护士给伤员换药，发现药瓶里装的药与药瓶上标签名称不一致，也就是说，药瓶里的药不是应该用的药，这怎么行呢？如果要用错了，会出问题的。白求恩严肃地批评了那个小护士，告诉她，做事这样马虎，会出人命的。白求恩用小刀把瓶子上的标签刮掉，并说：“我们要对同志负责，以后不允许再出现这种情况。”小护士挨了批评，脸涨得通红，眼泪都要流出来了。白求恩心里很生气，但他控制着自己的情绪说：“请你原谅我脾气不好，可是，做卫生工作不认真，不严格要求不行啊！”事后，白求恩向政委提出，要加强教育，提高工作人员的责任心，才能把工作做好。

白求恩不仅用高超的医术救治伤员，他还主动提出，要办一所模范医院，亲自编写教材，亲自制作医疗器械，亲自为随军医生上课，培训了大批的医务人员。这也体现了他对工作的负责任，千方百计改进工作。

谈什么权力？我们要的只是责任，要的是勇气和担当。大胆地去启用这样的人吧，去寻找你团队里有担当的人，赋予他们权力，让他们带出卓越的团队。三十功名尘与土，八千里路云和月。莫等闲、白了少年头，走，别回头！

公平与赏罚分明

中国有句古话“不患寡而患不均”，而古代名人元结也曾说过，赏善而不罚恶，则乱；罚恶而不赏善，亦乱。这都是人性的写照。设想一下，在一个群体里，如果自己是分配最少的那个人，总会让人产生被群体淘汰的感觉。委屈愤怒会使他不认可这个团队，从而产生离心力。

有位饲养员，每天负责喂养两只猴子。起初，他都给两只猴子吃大小一样的黄瓜，每次拿到黄瓜之后，猴子们也都美滋滋地回到笼子里静静地品味，相安无事。直到有一天，饲养员改变喂养策略，给一只猴子吃水灵灵的葡萄，而另一只则继续吃黄瓜，神奇的变化发生了。

刚开始，吃黄瓜的猴子依旧乐滋滋地吃着黄瓜，但当它发现隔壁的猴子吃的是葡萄时，吃黄瓜的速度就明显慢了。之后饲养员又给了吃葡萄的猴子递去了葡萄，这下吃黄瓜的猴子急了，开始吼叫，变得焦躁，最后，精彩的一幕发生了，接过黄瓜的猴子直接把黄瓜砸向了饲养员……

明明是最初自己喜欢的东西，为什么最后猴子会如此嫌弃？原因就是，它认为自己被忽视、被区别对待了。

企业为了避免员工产生不公平的感觉，往往采取各种手段，在企业中造成一种公平合理的气氛，使职工产生一种主观上的公平感，如有的企业采用保密工资的办法，使职工相互不了解彼此的收入水平，以免职工互相比较而产生不公平感。那么在企业中，如何实现公平的管理呢？

1．建立公平的薪酬体系

员工是否感到公平，所依据的就是付出与报酬之间比较出来的相对报酬。如果相对报酬合理，就会获得公平的感受，否则就是不公平感受。当获得公平感受时，员工就会心情舒畅，努力工作；当获得不公平感受时，员工就会出现心理上的紧张、不安，从而使员工采取行为以消除或减轻这种心理紧张状态。员工对自己的报酬进行横比、纵比这是必然现象。企业管理者如果不加以重视，很可能出现员工增收的同时也增怨的现象。所以，企业要尽可能实现相对报酬的公平性。当出现不公平现象时，要做好工作，积极引导，防止负面作用发生，并通过改革与管理科学化，消除不公平，或将不公平产生的不安心理引导到正确行事的轨道。

2．建立公平处罚制度

处罚作为一种负强化手段，与奖励这种正强化手段是共生的，二者缺一不可。它可以有效地防止和纠正各种非期望行为，借以保护多数员工的主动性和积极性。但处罚制度应合理，而处罚的目的是鼓励员工在工作中行为审慎。在一个机构中，规章制度所起的作用与法律在社会中的作用一样，违反了这些规章制度就必须受到纪律处分，所以企业要确立一个公平的纪律处分程序。完善组织的沟通体系，企业要不断地完善员工参与制度，只要员工有参与的权利，公平感就会有很大提高，可以使企业的沟通更有效、改善上下级关系、促进分配程序公正性。

3. 建立畅通的申诉制度

企业可以建立多种申诉方式以保证申诉渠道畅通和有效，如邮件、电话等这样可以使上级主管部门及时了解员工的实际情况，以制定合理的解决方案，降低员工的不公平感。

4. 建立有效的监督制度

企业为了保证制度的严格执行，需要设立相应机构来监督制度执行的程序和结果。监督者与被监督者在利益上应该是相互独立的，企业要采取多种监督方式将其落到实处，以保证制度执行中的程序公正，提高员工公平感。科学合理的用人和晋升制度有利于员工朝既定目标努力，当企业目标与个人价值目标一致时，员工会增加对工作的投入以实现自我价值，即使得不到晋升，员工也会因制度公平而减少不公平感，并进一步以此指导以后工作。

经常听到有人说，员工为什么离职：一是钱没给够；二是受委屈了。而这两点，往往都与基层或者中层管理者直接相关。公司大老板往往并不能明确这里存在的问题，而员工的委屈和不满得不到有效的排解，所以才会离开。一个优秀的管理者，应该能对其团队中这样的问题有足够的洞察力，并有真正解决问题的思路，如果一个管理者认为，我向上汇报，以媚上为竞争力，一味地遮掩问题，那么他的团队就会人心涣散，逐渐失去竞争力。

这样做的目的，其实也是为了公司的发展，一个聪明的公司 BOSS，绝对会理解这一点。你的团队成员工作心气顺、情绪好，才会有产出，还是重复那句话，任何公司的发展都是最依赖人的创造力。你让员工有好心情，工作效率就会高很多，对公司来说绝对是一件合算的事情。你以为替公司节省了开销，替老板节约，觉得各种为 BOSS 考虑，结果人才心情不爽，纷纷外流，最后是你给公司带来巨大的损失。这个道理其实很简单，但是很多行业高管都犯过这类错误。

创业之初，我不理解奖罚分明的重要性。有一位刚来的老师在课堂上带孩子只看电视不教学，而我们幼儿园有规定，在上课时间只看电视是不可以的。于是在晚上开会的时候，我大声地训斥这位老师“家长把孩子交给你，就是为了来看电视的吗？他如果看电视为什么不在家里看？还要花钱请你到幼儿园来看呢？你怎么这么不负责任呢？你这样做，我今天就扣你 200 元！”我机关枪似的“扫射”，愤怒地看着她。

啪！她猛地一拍桌子，声音比我还大，愤怒地说道“我为什么不可以让孩子看电视？李丽他老是带孩子看电视，你扣了吗？你为什么不扣她，就要扣我呢！？你什么意思？我不干了！”

所有的老师都吓傻了，呆呆地看着我，想看我有什么反应。“你违反幼儿园的园规，你还有理了吗？扣一起扣，李丽要扣，你也要扣！”看着她那气势汹汹的样子，为了把她压下去，我只好又提高了嗓门，并且站了起来，叉着腰看着她。没想到这个老师也站了起来，气势汹汹地瞪着我，似乎想冲上来打架。我意识到这样下去真有可能会打起来，那么我这老板的颜面何在？

我只好说“现在是开会的时间，这件事情我们先不讨论，会后再讨论，你如果有什么对我不满的，我们私下交流。”我压制住自己的愤怒，尽量地使自己的语气显得平和温柔。对方看到我不想跟她吵架，白了我一眼坐了下来说“我不干了，明天就辞职。”“好的好的，我们私下交流。”

会后我找了她谈话，第二天她真的领了工资离职了。她的离职我并不心痛，我难过的是在她拍桌子的那一刹那，我突然明白了，我这样处理的方式是错误的。且不说在所有老师面前这样训斥她，让她觉得很没有面子，更重要的是我一直以来没有赏罚分明，让她们觉得所有的制度都是空的，她们可以不遵守。

这么多年过去了，我已经忘记了这位老师的名字，可我一直记得她那愤怒的眼神。如果后来我不找各个老师谈话安抚，并严格执行规章制度，我们公司如今不可能走上规范化，团队的战斗力也不可能这么强。

个人主义和团队精神

一个人有个人主义是很正常的，谈不上有什么危害性，谁没个人的想法呢？但在集体中，他已经不是一个人，而是有一大帮人站在背后。换句话说，他是一个集体中的“个人主义”者，那就不值得提倡。

个人只有在集体之中才会觉得安全；个人只有作为集体的代表，才有荣誉感。单就一个人来说，是渺小的、无足轻重的存在。这在战争年代尤其显得突出，在战争中个人要随时服从集体的意志，随时准备为集体的胜利做出自我牺牲。

在企业中，团队合作能够激发员工的个人潜力，通过团队合作取得的成绩要远远大于个人所得，合作能力通常是企业招聘过程中比较重视的一环，没有合作能力的人，就不能胜任自己的职位，不能完成自己的责任，不能获得自己想要的成功。所以，作为员工，一定要学会打造“团队精神”，而不是搞“个人主义”。

娜娜是一家企业的中层管理人员，曾担任过这家公司一个大部门的主管。但是，两年时间过去，她却渐渐地被边缘化了，脱离企业的核心圈子，最后只好自己辞职走人。回顾自己的这段经历，让娜娜感受最深的就是自己过于“独立”了，显得与老板和同事格格不入。公司组织年终拓展会，娜娜认为这并不能对日常的工作起到促进作用，不参加；公司组织到泰山旅游，娜娜认为利用周末时间去参加集体组织的旅游，影响了休息，没意思，并且冷嘲热讽地说公司抠门，既然想给员工一个旅游的福利，就应该用工作时间；老板组织中层聚餐，娜娜觉得没有共同话题，不参加，为了让娜娜参加聚会，老板还亲自找她谈过，告诉她这些不仅仅是活动，也是工作，但娜娜却固执己见。到后来，“不参加”成了娜娜的品牌，老板也就随着她了。渐渐地，这些事让娜娜在同事中显得“鹤立鸡群”，甚至有点儿怪异。最后，娜娜被邀请参加的次数越来越少，逐渐被边缘化了。

娜娜的失败，就是因为太过于“自我”而让自己最终成了边缘化的人物，这样不仅影响了她的人际关系，而且还严重影响了她的工作和前途。由此可见，在职场中太过于“自我”是对自己极为不利的。

一个和尚挑水喝，两个和尚抬水喝，三个和尚没水喝。

一只蚂蚁来搬米，搬来搬去搬不起，两只蚂蚁来搬米，身体晃来又晃去，三只蚂蚁来搬米，轻轻抬着进洞里。

两首童谣，叙述了两种截然不同的结果。“三个和尚”之所以“没水喝”，是因为不负责任，互相推诿；“三只蚂蚁来搬米”之所以能“轻轻抬着进洞里”，是团结合作的结果。

我们要重视团队精神，并将之视为前进的制胜法宝。一个好的团队应该是个性化的，能够做各自喜欢做的事，有着共同奋斗目标的团队。如果团队中每一个人每天都能老老实实、勤勤恳恳地尽一己之职，那么许多人的成就累积起来，便极为可观！有了众人的努力，就像千万片雪花可以滚成一个大雪球一样，就能汇成一股巨大的力量。

众所周知，微软公司使数以万计的雇员成了百万富翁。可鲜为人知的是，他们中的许多人在取得了经济独立之后，仍继续留在微软工作。在某些人看来，这些百万富翁大概是发了神经。的确，有些人认为，发财就等于取得了辞职的资格证书。但是，微软公司的百万富翁们并不那样认为。如果你了解微软公司的工作条件并非舒适安逸，你就会觉得雇员们的奉献精神难能可贵。在这里，一周工作 60 个小时是常事。在主要产品推出的前几周，每周的工作小时数甚至会过百。微软公司也并非以其高额津贴出名，相反，它却以“吝啬”著称。据该公司的一位前任副总裁透露，多年以来，董事长比尔・盖茨因公出差时，总是自己开车去机场，而且坐的是二等舱。那么是什么神奇的吸引力，竟使这位富翁不是因为自己经济的需要而如此卖命地工作呢？答案只有一个，那就是完全超越了自我的团队意识。

这种团队意识，已在微软公司生根发芽。微软人认为，他们不属于自己，而是从属于微软这个团队。董事长比尔・盖茨在谈到团队精神时，讲过这样一段话：“这种团队精神营造了一种氛围，在这种氛围中，开拓性思维不断涌现，员工的潜能得以充分发挥。我们微软公司所形成的氛围是：你不仅拥有整个公司的全部资源，同时还拥有一个能使自己大显身手，发挥重要作用的小而精的班级或部门。每个人都有自己的主见，而能使这些主见变成现实的是微软这个团体。我们的策略一向是：聘用有活力，具有创新精神的顶尖人才，然后把权力和责任连同资源，一并委托给他们，以便使他们出色地完成任务。”

事实上，这种团队意识，绝非微软公司所独有。类似于这种把个人归属于集体的团队意识，也是许多公司都在追求和培养的。团队意识，使雇员们工作热情更高，工作体验更深，从而使他们的生活更具价值和意义。

我在创业之初，特别喜欢那些才华出众的人。我为了挖一个人才，可以驱车几百里去见他，我为了挖一个人才，也可以连续几年邀约他。但是我后来慢慢地发现个人能力太强的人，假如他没有团队精神和服务意识，他的团队并不能带好。他要么所有的事情都自己做，忘了培养人才。要么就是嫉妒心太强，能力超过他的人永远被打压而离职。我慢慢地意识到，所谓的人才一定是团队意识很强的，他的个人能力反而是第二位的。

六年前我曾经培养了一位张园长，从小被领养的经历练就了她极高的情商。她虽然只是中专毕业，没有本科文凭。要说业务能力，她也不是很强。可是她就能把团队带好，所有她手下的员工都能听她的话，从而实现组织目标。

张园长她总是把她的老师和员工放在心里。有一位老师她的父亲去世了，张园长一个人去看望了她，当她出现在那个老师家门口的时候，那个老师的眼泪夺眶而出，对张园长说“以后你去哪儿，我就跟到哪儿”。另外一位老师有一次手骨折了，每年寒假都会出去旅游的张园长就没有出去，天天去医院去看望她、陪伴她。这个老师对她说“张园长，您把最苦、最累的活都交给我，我来干”。

真正把员工放在心里，大家拧成一股绳，所以她的团队离职率很低，各项业绩都在集团里名列前茅。

而且，具有团队精神的领导特别善于培养人。当公司缺少人才的时候，她输送的人是最多的。她从来都是把公司的利益放在第一位，而不会觉得别人上来了，会不会抢了我的位置？

古人云：人心齐，泰山移。众志成城，金石为开。团队的核心是共同奉献，这种共同奉献需要每一个队员能够为之信服的目标。要切实可行而又具有挑战意义的目标，能激发团队的工作动力和奉献精神，为团队注入新的生命活力。

那么如何培养员工的团队精神？

1．确立明确的共同目标

在一个团队中，所有的活动都要围绕一个共同的目标展开，但团队的各个部分甚至每一个人都是相对独立的，它们都有自己的目标和任务，都要独当一面。我们团队中的每一个员工，一定要时刻铭记自己的职责和使命。员工只是团队的一员，即使再受重视，再有才华，也不能以自我为中心。团队的性质决定了每个员工只是团队的一部分，而不是整体，员工的所有工作都应该是以实现团队的目标为中心的。

2．重点培养团队的和谐

尊重人和人之间的差异是和谐的体现。最优秀的团队，往往并不是由最优秀的员工组成的，而是由各个成员团结协作、扬长避短来组建的。每个人都有自己的优点和缺点，世界上根本不存在完美的人，但是我们能够充分了解自己的优点和缺点，充分发挥自己的优点、改正自己的缺点。在任何环境下，优点和缺点都会对人产生一定的影响，并且决定了别人对自己的态度，以致阻碍或者帮助我们实现目标、完成工作。一个优秀的员工，要根据不同的环境和不同的情况，灵活面对自身的优缺点。也就是说，尽量用优点来面对环境，当工作环境需要面对自己的缺点时，不要逃避；需要改正缺点时，要毫不犹豫地去改正。虽然这些做起来很难，但优秀的员工一定会去做，即使结果失败了，也能够在这个过程中受益。

3．注重培养密切的团队成员关系

成功的团队彼此融洽交流，而且知道发生冲突和矛盾时该如何处理。把自己内心的想法告诉大家，是团队沟通的根本，诚恳的批评有助于个人和全体技能的提高。大家对于团队中出现的问题，要善于“吾日三省吾身”，要从“知过则改”升华到“闻过则喜”，非凡要学会宽容。碰到摩擦，多从自身找原因，即使真是对方的过错，也要学会换位思考，体现出容人的雅量。金无足赤，人无完人，贵在严于律己，宽以待人。搞好了团队的协作工作，才能以快乐的工作态度迎接新的挑战，和企业一道发展，从而达到生活和工作双赢的大好局面，这是员工人生价值的体现，也是团队精神的体现。

小溪只能泛起小小的水花，大海才能迸发出惊涛骇浪。个人之于团队，正如小溪之于大海。我自认为是个人能力很强的人。当我个人主意膨胀的时候，我曾经一年开了八家公司。这八家公司其中有七家都失败了，而且我也在病床上躺了一年。当我躺在病床上发呆的时候，我真正地意识到，我就是大海里的一滴水。

独狼并不强大，但当狼以集体力量出现在攻击目标之前，却表现出强大的攻击力。在狼成功捕猎过程的众多因素中，严密有序的集体组织和高效的团队协作是其中最明显和最重要的因素。由此可见，团队合作精神的重要性。

每一匹看雅歌书籍的“独狼”都去寻找你的“狼群”吧，加入了狼群，从此以后将战无不胜。风萧萧兮，易水寒，壮士一去兮，不复还。探虎穴兮，入蛟宫，仰天呼气兮，成白虹。

制度的坚硬和柔软

制度有着无穷的力量。同样的人，不同的制度，可以产生不同的文化和氛围以及差距悬殊的结果。一个好的制度可以使人的坏念头受到抑制，而坏的制度会让人的好愿望四处碰壁。建立起将结果和个人责任和利益联系到一起的制度，能解决很多公司问题以及社会问题。

七个人住在一起，每天分一大桶粥。要命的是，粥每天都是不够的。一开始，他们抓阄决定谁来分粥，每天轮一个。于是每周下来，他们只有一天是饱的，就是自己分粥的那一天。后来他们开始推选出一个口口声声道德高尚的人来分粥。

大权独揽，没有制约，也会产生腐败。大家开始挖空心思去讨好他，互相勾结，搞得整个小团体乌烟瘴气。然后大家开始组成三人的分粥委员会及四人的评选委员会，互相攻击扯皮下来，粥吃到嘴里全是凉的。

最后想出来一个方法：轮流分粥，但分粥的人要等其他人都挑完后拿剩下的最后一碗。为了不让自己吃到最少的，每人都尽量分得平均，就算不平均，也只能认了。

我们也曾听说过另外一个故事。英国将澳大利亚大陆变成殖民地之后，因为那儿地广人稀，尚未开发，英国政府就鼓励国民移民到澳大利亚大陆，可是当时澳大利亚大陆非常落后，没有人愿意去。英国政府就想出一个办法，把罪犯送到澳大利亚大陆去。这样一方面解决了英国本土监狱人满为患的问题；另一方面也解决了澳大利亚大陆的劳动力问题，还有一条，他们以为把坏家伙们都送走了，英国就会变得更美好了。

英国政府雇用私人船只运送犯人，按照装船的人数付费，多运多赚钱。很快政府发现这样做有很大的弊端，就是罪犯的死亡率非常高，平均超过了10%，最严重的一艘船死亡率达到了惊人的37%。政府官员绞尽脑汁想降低罪犯运输过程中的死亡率，包括派官员上船监督，限制装船数量等等，却都实施不下去。

最后，他们终于找到了一劳永逸的办法，就是将付款方式变换了一下：由根据上船的人数付费改为根据下船的人数付费。船东只有将人活着送达澳大利亚大陆，才能赚到运送费用。

新政策一出，罪犯死亡率立竿见影地降到了1%左右。后来船东为了提高生存率还在船上配备了医生。

制度的稍稍改变结果大相径庭。要带好一个团队，做好一家公司制度是至关重要的。企业管理中人情和执行力是成反比例的，也就是说人情讲得越多，执行力就越差；执行力越强的企业，人情就一定讲得少。当执行遇上人情的时候，受伤的如果是执行，再好的战略也发挥不出来作用。

张瑞敏刚刚接手海尔的时候，海尔只是一个快要倒闭的小电器厂，员工工作没有积极性，企业亏损严重，可是张瑞敏用了20年的时间，让一个濒临倒闭的小厂子一跃成为世界名牌企业，并跻身于世界500强之列。他是怎么做到的？是什么改变了海尔人？那就是纪律。张瑞敏接手海尔后颁布了著名的“十三条”，张瑞敏强调员工的纪律性是非常重要的，尤其是在一个由许多大公司集合起来的集团化企业中，更需要严格的纪律来制订计划、实施行动。现在的海尔人纪律性非常强，很少有人会上班迟到，更不会有人凭着关系在公司中胡作非为。

海尔是这样，联想是这样，华为、万科也是这样，这仅仅是巧合吗？不，因为他们的老总都是军人出身。西点军校前任校长戴夫·帕尔默曾经说过：“随便给我一个人，只要不是精神分裂症，我就可以把他培养成为世界上最伟大的领导者。”

严格的制度和执行力是企业成功的保障。

为什么军人可以在商界创造如此多的奇迹？商业的神话取决于什么？那就是严格的制度、铁的纪律和不折不扣的执行力。在部队中，服从指挥、严格执行是军人的天职，任何一个人都不能违背上级的命令，即使需要献出宝贵的生命也在所不惜。在部队中谁犯了错误都要受到军法处置，人情只好靠边站，只有执行才是硬道理。

企业要想成功，就要向军队学习，在规章制度制定出来以后，最重要的还是严格执行。俗话说“没有规矩不成方圆”，规矩就是我们心中的一把尺子，触犯了规矩就要受到应有的惩罚。企业中的制度不是摆设，如果因为一个人徇私枉法，那就会有无数双眼睛盯着，管理者宽恕一个人的错误，就会让更多人犯同样的错误，员工就更加难以管理，执行力也会随之下降。

作为企业的管理者不仅要坚持正确的原则，维护公司的纪律，更要以身作则，严格执行。不论你为公司创造了多大的价值，不管你曾为企业贡献过什么，都不能游离于企业的规章制度之外。这就是企业的“硬度”。

既然有规矩，就会有不讲规矩的人；既然有制度，就会有违反制度的事。千万不要以为有了规矩和制度后就万事大吉了，事实上，这只是一个开始。面对规矩和制度，是非曲直在大多数情况下都是清楚的，唯一纠结的点就是人情味。在立规矩、讲制度的同时，要不要讲人情味？当两者冲突时，该如何抉择？

美国有部电视剧叫《权力的游戏》，片中也有类似的情节：北境之王起兵南下，麾下的封臣中有个得力干将瑞卡德伯爵，为了给战死沙场的儿子复仇，公然违反命令杀了两名兰尼斯特战俘，北境之王要按照制度亲手处决他，一帮人出来说话，陈述利害关系。这里虽然涉及具体利益，但也是制度和人情味发生冲突的表现。北境之王最后杀了这个违反制度的人，但也导致了部队一半人的出走，这真是两败俱伤。其实，我认为只要灵活处理，在重视制度的同时兼顾人情。北境之王不应该杀了这个人，但是一定要惩罚他。

我曾经认识一个年轻朋友，他从一家大公司跳槽到一家小公司担任总监。他发现了让他感觉很不爽的事情，手下的几个主管，平时看起来都不怎么忙，可是一旦他召开会议，就会有人请假，有人迟到。理由很简单——正在跟客户沟通忙着呢。他专门去了解情况，也的确是这样。可是不开会的时候，他又经常看见大家很闲。

一开始，他以为是自己选择的时间不对，于是改时间。可是不管选在什么时候开会，总有人迟到、有人请假，这才回过味来，人家就是不配合，给自己脸色看呢。初来乍到的他也不敢正面“开战”，为此非常苦恼。

后来有人给他支着儿，叫他每周带主管们搞一次团建，第一次团建时由他个人掏腰包，同时宣布一个规矩：以后开会时，临时请假者罚款 100 元，迟到者罚款 50 元，罚来的钱作为团建基金，如果不够由他个人补全。“吃了人家的嘴短”，大家当场也不好说什么。这规矩实行了一段时间后，从多人被罚到无人迟到，团队的氛围和效率都提上来了，持续的团建也让他和大家的关系处得不错。

这就是一个灵活处理的正面例子，做法值得让人称道。要是那位朋友凭着年轻人的火气，二话不说跟大家讲公司制度，公事公办地处理手下的主管，大家很有可能组成更强大的联盟跟他对着干，最终结果如何还不好说。即使是他最终取胜，这种跟下属正面冲突的做法，本身也不是最佳选择。

要是他一味地容忍退让，这件事恐怕会愈演愈烈，以后不但会议难以组织，就连日常工作怕也不好开展。一个领导如果没有威信，又失去下属的支持，也就没有存在的必要了。

我们公司的制度平时我都执行得很严厉，但是当我收购一家新公司的时候，我往往会变通。当你的团队还不信任你，不认可你的时候，你就强制地去执行制度往往就会造成员工大面积的离职。

最近我刚收购了一家幼儿园。当我看了他们的制度的时候，发现他们的制度与我们公司的制度大相径庭。如果我一味地强制执行新的制度，他们的厌烦情绪会导致老师的向心力崩塌而离职。虽然我知道他们制度里面有许多不合理之处，而且对公司甚至有破坏性，我都只能包容，再包容，慢慢地去改变他们。这半年来我心里都很不舒服。我知道我是在忍受他们，可是我用半年的不舒服，换来的是一个新的单位的稳定和团结。半年以后，当他们慢慢地认可了你的人，也了解了你们公司的文化，这时再去变革，那么大部分的员工也就会理解你了。

总而言之，立规矩也好，定制度也罢，其最终目的是维护团队利益，促进团队管理，需要强调组织纪律性。对于涉及整体利益的地方，当然要从严从重管理，但对于一些不是那么重要的地方，可根据实际情况灵活处理。

要记住，所有的规矩和制度都是为人而立，而人就得有人情味，不能像机器一样冷冰冰。这就是制度的柔软。

企业文化是核心

我们来看看这个叫作企业文化的东西。它是企业的灵魂，是企业信奉并付诸于实践的价值理念，它包括企业的经营观念、行为准则、知识成果、精神风貌、职工心态、舆论环境等内容。换言之，企业文化是受到全体员工认可并践行的、有利于企业发展的共同观念。

企业文化不仅代表了一家企业的精神风貌，而且蕴含着企业的指导思想和经营理念。不少人认为企业文化是一种虚无缥缈的东西，即使再怎么强调企业文化的重要性似乎也无济于事。

马云曾说过，上等公司治理靠文化，中等公司靠制度，下等公司靠亲友义气。每个企业家或者创业者，他们一定是想让自己的公司成为上等公司。而要成为上等公司必然是依靠文化的力量，让企业文化成为全体员工共同遵守和认可的价值观。

企业文化有着十分重要的作用。

1. 使命感

企业文化能激发员工的使命感。不管是什么企业都有它的责任和使命，企业使命感是全体员工工作的目标和方向，是企业不断发展或前进的动力。

2. 归属感

企业文化能凝聚员工的归属感。企业文化的作用就是通过企业价值观的提炼和传播，让一群来自不同地方的人共同追求同一个梦想。

3. 责任感

企业文化能加强员工的责任感。企业要通过大量的资料和文件宣传员工责任感的重要性，管理人员要给全体员工培养责任意识、危机意识和团队意识，要让大家清楚地认识企业是全体员工共同的企业。

4. 荣誉感

企业文化能赋予员工荣誉感。每个人都要在自己的工作岗位，工作领域，多做贡献，多出成绩，多追求荣誉感。

5. 成就感

企业文化能实现员工的成就感。一家企业的繁荣昌盛关系到每一位公司员工的生存，企业繁荣了，员工们就会引以为豪，会更积极努力地进取，荣耀越高，成就感就越大，越明显。

企业文化的核心是价值观。这种价值观一旦得到组织成员的广泛认可，员工就会对企业形象产生强烈的认同感；对企业的工作产生责任感；对企业的发展产生使命感；对企业的利益产生维护感。员工便会形成一股合力，共同为企业效力。所以，企业文化是企业发展内在动力的基础，是提升企业核心竞争力的核心。

企业文化的基本内容应该包括以下几个方面：企业愿景、企业使命、企业目标、企业价值观、企业精神、企业风尚和企业民主。

我们公司的企业愿景是成为幼教行业一家特长最优、英语最好、服务最佳的具有国际视野的龙头公司。我们的团队都知道要让我们的孩子一年学会一门特长，两年内养成自主感恩的习惯，三年就能与世界对话。这是我们所有人的使命，这个使命装在我们 500 名员工的心中。

公司的核心价值观是为他人着想，懂得付出，团结帮助，具有责任和担当，拼搏进取，整体至上。这个核心价值观就是全体员工必须遵循的道德行为准则。核心价值观回答了谁是真心，谁是假心。核心价值观的功能是执行、思考、判断是非的核心逻辑，核心价值观可以一句话结束争执。因此我们的企业精神是感恩、奉献、团结、精进、担当。

核心价值观里面我最要强调的是整体至上。我们要求员工在行为中要以整体利益为重，不但对自己的工作负责，同时也对本企业的工作负责，对孩子负责。提倡员工间互相鼓励，互相关心和帮助。鼓励企业内部协作和配合，营造企业和谐健康的工作环境，杜绝山头主义和小圈子文化，局部利益服从整体利益。

整体至上的行为方式：倡导整体利益最大化，以大局为重，凝聚共识，目标一致；组织内部高效沟通，以开放和包容的心态，摒弃偏见，精诚协作。杜绝小团体和个人主义，鼓励团队的整体进步。我们公司是员工文化，因为只有老师好了，她才能把孩子照顾好。

企业文化要落地，首先要解决的问题是：“落什么”？即落地的内容是什么，企业要构建一种什么样的文化体系，真正把企业的愿景、使命、价值观落到实处。

如果员工身上体现出一种做派，让人一看就知道是从某某公司出来的。包括他的思维方式、言行举止、工作风格都不自觉地带着某种风格。不管在工作中还是在个人生活中，员工不经意中就会说出“我们公司是怎么做的”“我们公司如何”，会在言行中体现出一种自豪感。这就表示“企业文化的落地”取得成效了。

就像一个军人，即使他不穿军装，我们还是能够通过他的一言一行、一举一动看出一个军人的作风、素质和品格，因为他经过了军队文化的塑造和洗礼，军队文化已深深地凝固在他的头脑中、融化在他的血液里、展现在他的行为上。这就是文化真正落地。

企业文化落地的时候，我们要注意以下几点。

（1）企业的管理行为与企业文化一致。企业文化确定以后，要用管理制度来约束管理行为，使之与文化理念一致。企业文化建设不能只依靠员工的自制力，而是要依赖制度来帮助企业在文化建设的过程中长期坚持。

（2）员工对企业文化有认同感和参与感。采取一些措施让员工参与到企业文化建设中来，在过程中给予鼓励，逐渐让员工成为企业文化建设的主人。比如，每期评选优秀的企业文化建设者，在过程中树立榜样。

（3）领导者的身体力行。领导者要时刻反思自己的行为是否与企业文化一致，只有领导者自身行为体现出领导者对企业文化的坚信，才能让员工深刻地感受到企业的文化。同时也要借助一些交流工具去宣扬领导者对文化的重视，比如视频、讲话、文章等。

（4）建立培训体系。培训体系的建立能帮助企业做企业文化的宣导，根据员工级别的不同，建立有针对性的培训体系，在学习与成长的过程中建立企业的正面文化。

我们的人力资源部门经常会编写员工手册。我们建了文化墙，美化了办公环境，每年都有员工关怀和集体活动，表彰优秀员工，还有各种节日福利、员工月度生日会……这些都有利于企业文化的落地，但仅仅有这些仍是不够的。

企业文化建设的根本是日常的一言一行，特别是公司高层的一言一行。这种身体力行的示范作用远远大过千百次说教。空喊口号是没有用的。一家企业的领导对某件事情采取什么态度，那么能被重用提拔的人基本上也是采取这种态度，否则就会被边缘化甚至离开这家企业。这无关企业文化的好坏，这就是上行下效，“上有所好，下必甚焉”。

我们要随时随地地注意沉淀企业的文化故事。随着公司业务的发展，过程中会发生很多值得记录的故事，特别是在公司遇到困境的时候，员工的表现；在公司准备发布某个产品的时候，员工是怎么努力的；当员工为公司作出贡献的时候，公司是怎么奖励的；违反公司员工行为准则，不符合公司价值观的行为，公司是怎么处分的……这些故事，就是组织文化最生动的诠释，HR一定要记录下来，通过各种会议、邮件、内刊等方式让员工知道，落到心里。尤其那些企业内部津津乐道、大力奖励或严厉惩罚的典型事迹最能体现企业的核心价值主张，从这些事迹中提炼出的价值观行为较容易获得员工的认同和实践。

我们知道早操是军队的魂，晨会是企业的精气神，体现了企业的精神面貌、文化思想。晨会环节是企业文化落实的重要手段，利用上班前进行晨会的方式，组织对企业文化理念的学习、宣贯活动，同时注意晨会是落实文化的起点但没有终点。

我一直非常重视对员工的培训。一开始我们从儒家文化《论语》开始学起，现在我们在管理团队中，开始学习《道德经》。这是我们内部管理人员学习时的场景，每月由集团团建部集中组织国学学习，大规模的有两场：一场是管理人员的国学学习，每个月都有固定主题另一场是面向员工的国学大讲堂。这件事情我们默默做了十年。十年来，通过国学教育，“学国学，用国学”在公司已经蔚然成风，公司的管理人员及员工的境界与修养，有了明显的提升。一言以蔽之，学习传统文化到底有什么用呢？如果用四个字来概括的话，就是“修炼心性”。用三个字来说就是“致良知”。无善无恶心之体，有善有恶意之动，知善知恶是良知，为善去恶是格物。这段话是一代心学大师王阳明说的。

把你的价值观仪式化吧！企业仪式就是把企业中发生的某些事情戏剧化和形象化，使人们通过这些生动活泼的活动来领会企业文化的内涵，使企业文化“寓教于乐”之中。

仪式化其实就是告诉全体成员：“我们对这件事情很重视，这件事很重要，所有人都要重视这事！”仪式化会让很多普通的活动意义得到强化和升华，仪式化会引起员工的重视，能够激起员工的荣誉感、归属感、自豪感。仪式感让员工自觉不自觉地接受了仪式背后蕴藏的文化，深化对企业价值理念的认识、理解，进而产生一种强烈的认同感，强化企业文化的影响力。企业需要推陈出新，设计拥有自己特色的仪式。要用心去做，以人为本，否则就会使企业仪式流于形式化。

仪式活动让员工与企业紧密联系在一起，可以提高员工的工作热情和对企业的向心力。仪式化的事情总是显得珍贵，让人印象深刻、记忆犹新，难以忘却。

企业仪式主要分为以下三种：

一是工作化仪式，是指日常常规性的工作仪式，如各类会议、各类培训、总结大会、晨迎等。

二是纪念化仪式，是指对企业有重要意义的纪念活动仪式，如周年庆、产品发布会、入职仪式、司龄仪式、导师仪式、企业重要纪念日等。

三是生活化仪式，是指与员工生活直接相关的各种活动，如答谢宴、联欢会、运动会、生日会、各类节日、开放日、文娱比赛、感恩日、亲子活动日、团建拓展、体育活动等。一点小心思、小情怀、小趣味，会让生活和工作变得庄重而有意义！

做好了这些，当你的企业有了特有的行为标准的时候，就是企业文化建设里的最高境界。就是在这个组织中的人，他们有自己的一套语言体系，有自己的味道，能够心照不宣，彼此认同。

迪士尼的感动文化也做得非常好。他们全心待客，将心比心，为顾客着想。常常为来到迪士尼的人制造意想不到的感动。使迪士尼的客户回头率一直遥遥领先。

第七章

人是最大的资源

人才，你在哪里

著名的管理学家卡耐基大师曾经说过：“如果把我的工人带走，把工厂留下，那么不久后工厂就会生满杂草；如果把我的工厂带走，把我的员工留下，那么不久后我们就会拥有一个更好的工厂。”人是企业最宝贵的资源。现代企业之间的竞争，说到底是人才的竞争。特别是知识经济时代，人力资源的重要性日益突出，企业管理已经从强调对物的管理转向强调对人的管理。重视人员的招聘，实现有效招聘可为企业输送源源不断优质的人力资源，从而使企业立于不败之地。

虽然现在的人才市场总体上供大于求，但是要招聘到适合企业文化、适合岗位要求而对方又愿意加入企业的人才并不容易，应该说是相当困难的。招人难主要表现为：其一，随着业务的扩增，公司急需新人补充，用人部门常常会提出很急迫的用人需求，往往希望在最短的时间内得到人力，许多时候，人力资源部门都会措手不及地安排招聘，但招聘需要周期，紧急状况下的招聘往往会降低招聘要求，降低招聘成功率。其二，用人部门在招聘方面太随意，今天说招，明天又说不招了。招聘策划、初试、面试准备都作废了，还要给应聘者一个合理的拒绝理由。其三，一些用人部门主管凌驾于人力资源工作职责之上，以自己的观点来选择人员，影响了人力资源的决策，增加了招聘难度。虽然在现在的大多数公司，能不能使应聘者进入公司，关键是看用人部门的领导而不是人力资源部，但这是不正确的。其四，招聘到一个不适合公司的人才，有时用人部门埋怨人力资源管理者，造成部门间不必要的摩擦。

松下幸之助曾说："企业成败的关键，取决于一开始是否用对人"。人员招聘的有效性是一项系统工程，它要求企业站在战略的高度上，以人为本，结合企业的实际，制定人才引进的战略规划，并通过科学的招聘方法，使之有效地落实在招聘计划中。为实现有效招聘，需注意以下几点。

1. 完善企业的有关制度

建立有竞争力的薪酬体系、客观公平的绩效评估体系、可行有效的激励体系，给一流的人才一流的待遇，是吸引、留住高素质员工的重要手段。

除了有诸如薪水奖金、津贴、福利等物质报酬的需求外，还有工作的胜任感、成就感、责任感和受重视等精神报酬。现实中我们发现，导致员工离职的重要因素，有时不是对物质待遇不满，而是因为他们觉得自己期望的空间和企业提供的平台不合适。

公司必须认识到精神报酬的重要意义，创造一切机会和条件保证员工能够施展他们的才华，如让他们参与决策，承担更重要的任务，给他们更大的工作自由和权限，用优厚的精神报酬防范人员的流失。

2. 合理组建招聘团队

尤其是创业的新公司，不可能像大公司那样有专业的人力资源部门。创业老板和公司的高管要亲自抓招聘。事实上像小米公司已经做得那么好的时候，雷军依然说，我一年中 70% 的精力都用来寻找优秀的人才。

雅歌公司的园长有很大的自主权，当一个园长派出去管理 30 ～ 100 人的时候，她的能力直接决定了一个幼儿园的成败。我曾经因为忙，没有参与过几个幼儿园园长的挑选。结果那几个幼儿园年年业绩亏损，学生越来越少，直至濒临倒闭。我曾经几次在年会上述职报告的时候泪流满面，那都是因为我用错了人。有一次我在办公室里痛哭流涕，因为一家本身亏损的幼儿园，因为我用人错误，直接导致连续亏损了 200 万元。

事实上，因为我自己亲自抓公司的市场拓展，这十多年来，我在用人上花的精力并不多。出来混迟早是要还的，用人的错误使我连续亏损了好几家幼儿园。当我幡然醒悟的时候，才牢牢把关招聘的源头。事实上我们不能小看了人力专员，如果他不是每天很努力地去翻简历，然后很认真地跟应聘的人去沟通的话，企业的第一道门槛就被关闭了。好的员工不了解你的公司，她怎么可能进得来？人力专员要把人引进来，我亲自面试，亲自谈话，慢慢地就使公司走上了良性发展的道路，使所有的幼儿园转亏为盈。

3. 选择合理的招聘方式和渠道

如今我们运用更多的都是内部员工介绍的方式。我们 500 名员工的亲戚朋友介绍过来的人，他们之间的信任度非常高。又因为有员工的介绍，他的朋友也会很认可我们公司的文化。我们给介绍的员工 200 ～ 2 000 元的奖励。这些新员工还给企业带来新思想、新观点，激发了现有员工队伍的活力。

另外，企业在招聘之前，首先要考虑不同招聘渠道的招聘效果。我们曾经做过报纸广告、电视台广告和互联网广告。最好用的招聘渠道就是招聘网站。对于像保安、厨师、清洁工之类的招聘最好用的还是劳务市场。

如今我们也和各大师范院校建立了合作关系。我们出一部分的钱，去支持师范院校学前教育系的培养，他们定点给我们每年输送一些人才。事实上也就是说我们招聘从他还是个大学生就开始了。

4．建立储备人才库

一家重视未来储备人才建设的公司，必将赢得未来的“商战”。人才库系统记录了每一位员工在教育、培训、经验、技能、绩效、职业生涯规划等方面的信息，可以发现哪些候选人现在所从事的工作是低于他们所具有的知识水平和能力水平的，可以发现哪些人具有发展潜力，哪些人需要哪些方面的培训；可以发现哪些人已经具备了从事空缺职位的能力与背景，以备将来需要时调用，这样我们用人才不会断层。

《孟子・离娄下向下》有言：“爱人者，人恒爱之；敬人者，人恒敬之。”这是人际交往的准则。

人生就像储蓄罐，投入的每一分善良，都会在未来的某一天，悉数回馈。当这份惊喜悄然来临，我们管它叫运气，但其实，它只是你久积善良，命运对你的返利。

当你的善良积累到一定的程度，人才就会聚集在你的身边。人才，你在哪里？其实它就在你的心里。

薪酬体系架构

人力资源管理的基础是激励，指导激励的理念是艺术与科学的统一，但是更倾向于艺术的成分。因为被激励的对象是人，光谈理论显然不够，与理念配套的是方法论，并且需要是一套行之有效的方法论。

一家公司的薪酬体系如何，不仅关系着公司能否正常运行，更是对 HR 硬实力的考验。

企业员工离职的原因之一是“钱没给够”。那么为什么“钱没给够”？怎样才能“给够”？这背后并不是一个 HR 能够决定的，而是企业薪酬体系的缺失导致的。

薪酬体系关系着一家公司的命脉，可不仅仅是发工资那么简单。

“坏死”的薪酬体系都有以下几个症状。

1．内部缺乏公平性

我们可以观察到，某些企业在招聘新员工时，开出的工资水平会超过老员工。

无论这是公司为了吸引人才而采取的手段，还是由于迎合市场环境而提高薪资，无疑都伤害了老员工的心。新老员工产生薪酬矛盾，加速了人才的出走。企业没有统一的工资标准，甚至不完善的薪酬激励体系，都是企业内部面临的重大问题。

2. 外部缺乏竞争性

薪酬体系不完善导致的第二个问题是企业的薪资水平在行业内没有竞争力。关键岗位的人才薪资低于行业平均水平，而缺少调薪机制使薪资一成不变。如果员工有更好的选择，一定会跳槽。留不住核心的优秀人才，导致人才流失，老板苛责、员工抱怨，HR 的工作如何正常进行？

一份良好的薪酬体系的架构足以保证一家公司能够正常地运行下去。薪酬结构的设计，不是简单地对工资进行拆分，而是要合理地导向公司的目标或价值观，薪酬结构可大致分为三大类别：

（1）基础工资类：如基本工资、职务工资。从公司的角度来讲，基础工资相对容易预算，也是相对可控。它的不足之处就是相对僵化，不能体现价值分配的原则，基础工资比例设置过高会造成团队没有上进心，没有战斗力。但基础工资设置比例过低就会造成招聘难、留人难。

（2）绩效类工资：如绩效奖金、销售提成、年终奖、公司分红等。

它的特点是该员工为企业贡献了相对应的价值后，按承诺要给的回报。它无定态，唯一的评判标准就是完成预定目标情况。

科学合理的绩效体系，能够促进企业价值的追求。它的不足之处就是管理体系、绩效管理体系的设置如果不科学，反作用会更大，不仅不能提升绩效，反过来会更加伤害企业发展。

（3）福利类工资：福利类工资是公司人力成本之一，但又不能直接纳入员工基本工资中去，或者从基本工资中拆分出来。

那是不合理的。福利类工资代表着企业对员工的投入与付出，一般来讲，福利类工资越多的企业，人才吸引力就越高。它的不足之处就是成本管控，而且很难量化观测付出成本后能够得到什么样的回报。

当我们确定各种结构薪资的标准的时候，就要考虑基本工资该怎么定？绩效薪资标准怎么定？福利类工资的标准怎么定？

（1）基础类薪资标准的确定。首先要依据年薪总额基数，再以年薪基数的一定量百分比平均分配到 12 个月。这就得出一个数据作为中位值，结合等级薪资，再设计一系列上下标准。

（2）绩效类工资标准的确定。有两种方式，销售直接按业绩提成即可，而管理岗位则根据年薪总额相对应比例作为标准数量，再根据该人员完成目标的考核结果而计算实际绩效类工资。

（3）福利类工资标准的确定。没有一定固定标准，主要根据企业的承受能力，依据财务预算进行设置即可。

一位董事长曾经说过：“其实每个人来公司都是想打工挣钱的，当一个没怎么念过书的员工发现他还可以成为领班、成为经理的时候，可能就会迸发出格外的激情，要想留住员工，归根结底还是机制问题，一个公平的、公正的、合理的升迁体系是保证员工愿意干下去的一个前提，除此之外，没有办法。”

我们作为一家教育公司，采用的是稳定的薪资和适当的绩效提成。底薪不能定得太低，因为我们对销售的要求并不高。日积月累地做好服务才是我们教育公司的根本。我们定了比同行高出 20% 的底薪来吸引员工。薪酬体系的根本就是让你发给员工的工资永远在市场上，在你的行业里具有竞争力。

在我们幼教行业，很多幼儿园都是没有年终奖的。对于我们这种半公益性的企业来说，辛辛苦苦一年下来其实老板并不能拿到多少，所以大多投资幼儿园的老板都舍不得发年终奖。而我们公司坚持年年有年终奖，每人有年终奖，而且对于贡献大的人才重奖。这年终奖制度也帮我们公司留住了很多优秀的人才。

而最后一步能留住员工的就是靠福利了。合理的福利是一个机构薪酬设计中锦上添花的环节，有利于企业获得社会声望，增强员工信任感和归属感，福利体现了企业的文化和人文关怀，相对于目前大多数机构的密薪制不同，福利一定是透明的，而且要做宣贯，确保员工感受到福利的价值。一般情况下，实物性福利不因职位的高低而区别对待。

常见的福利类别如下：

（1）年度体检，每年为员工体检，保障员工身体健康。

（2）年度旅游，调节员工工作生活状态，可设立不同模式，分批次进行。在我们幼教行业，我们是为数不多的高管可以每年出国旅游的公司。

（3）交通补贴，员工上班途中的交通补贴。普通员工可用公交卡，高层员工给予油卡补助。

（4）午餐补贴，解决员工用餐设立食堂或者按照工作日给固定餐补。像我们公司不但解决午餐，并且一日三餐都免费。

（5）员工宿舍。解决单身外地员工的住宿。单身，外地，可根据职级设立不同的标准。对我们幼教公司来说，我们是所有单身的员工都提供免费住宿。

（6）年假。我们是教育公司，所以我们的老师暑假寒假，不上班都有工资。

（7）法定节假日礼品。

中国的传统节日，比如三八节、端午节、中秋节、教师节。甚至属于孩子们的六一儿童节，我们都给老师发放福利。

（8）教育培训补助。员工参加有关工作范围内的培训和学习时，给予一定比例的补助。

福利的种类对稳定员工、提升招聘时的吸引力有一定的作用。也会在业界提升企业的美誉度和对人才的吸引力。每当我们的老师在晒出国旅游的照片的时候，她们的同行朋友就会羡慕地说：“哇哦，你们公司福利好好哦，真想去你们公司。”

另外，我们要把福利与绩效关联起来，更大限度上发挥福利的激励作用。比如，送更优秀的员工进行外出学习，为企业营收做出最大贡献的员工享受更高的年终奖等。我们面临的员工群体在发生变化，随着“90后”“00后”的员工增多，企业在福利设计方面更多地考虑员工的实际需求，建立更加灵活完善的福利制度。

绩效考核与实施

绩效考核具有重要的意义。

（1）绩效考核是人员聘用的依据。由于实行了科学的评价体系，对员工的工作、学习、成长、效率、培训、发展等进行全方位的定量和定性的考核，按照岗位工作要求，决定是否聘用或解聘。

（2）绩效考核是人员职务升降的依据。考核的基本依据是岗位工作说明书，工作的绩效是否符合该职务的要求，是否具有升职条件，或不符合职务要求应该予以降职或免职。

（3）绩效考核是人员培训的依据。通过绩效考核，可以准确地把握工作的薄弱环节，并可具体掌握员工本人的培训需要，从而制订切实可行和行之有效的培训计划。

（4）绩效考核是确定劳动报酬的依据。根据岗位工作说明书的要求，对应制订的薪酬制度要求按岗位取得薪酬，而岗位目标的实现是依靠绩效考核来实现的。因此根据绩效确定薪酬，或者依据薪酬衡量绩效，使得薪酬设计不断完善、更加符合企业运营的需要。

（5）绩效考核是人员激励的手段。通过绩效考核，把员工聘用、职务升降、培训发展、劳动薪酬相结合，使得企业激励机制得到充分运用，有利于企业的健康发展；同时对员工本人，也便于建立不断自我激励的心理模式。

（6）把绩效考核与未来发展相联系。无论是对企业或是员工个人，绩效考核都可以对现实工作作出适时和全面的评价，便于查找工作中的薄弱环节，便于发现与现实要求的差距，便于把握未来发展的方向和趋势，符合时代前进的步伐，与时俱进，保持企业的持续发展和个人的不断进步。

无规矩不成方圆，一个小团体决定成长为一家公司，就意味着管理要从“人治”向“法治”过渡，虽然最终多半仍然是“人治”，但公司要向前走，“法治”是不可或缺的、强有力的推动器。于是，拟定绩效管理制度成为 HR 必须尽快着手去做的事情。如何调动员工的积极性，把老板的事业视为自己的事业，是每个老板都迫切需要解决的问题。

公司是由人组成的，首先把组织架构图画出来，初创公司的架构一般相对简单：纵向分为上中下三层，上层是核心人员，中层是各部门负责人，下层是普通员工；横向即按不同部门平衡排列。然后再综合纵向、横向的维度给每个员工设置绩效考核方案。

薪酬设计和绩效设计是分不开的，绩效方案可以运用于完善薪酬方案。它们密不可分，可作为一个整体来思考。

绩效工资：我们公司由基本工资和绩效工资组成。而绩效工资决定了员工之间很大的差距，高的可以很高，低的可以很低，这完全取决于员工对公司贡献的大小。

等级制：将岗位分为多个职级，对应多个等级的岗位工资。不同的岗位工资对应不同的绩效工资。比如，同样是老师，有的老师是班主任这个等级，她的绩效工资就是 2 000 元起步。而如果你不是班主任，那你的绩效工资就是 1 000 元起步。

我们采用“271”末位淘汰制，根据每月绩效考核分数奖励排在前面的“2”，惩罚最后的那个“1”。此外还可以把考核结果与季度奖、年终奖的幅度及升迁挂钩。

在设计绩效工资额度、优胜劣汰力度的时候，业务部门和职能部门一定要区别对待。业务部门倾向刺激、职能部门相对需要稳定。在实施绩效考核办法时，事前给员工充分培训、事后做好绩效面谈和跟踪改进，同等重要。

人才培养的苦与甜

对于企业而言，选拔人是比培养人更重要的一件事。但这并不意味着，企业的人才培养不重要，恰恰只有完整的人才培养体系，才能让你的企业在招聘人才时有机会做选择而不是被选择。

三五年时间过去，这个员工是进步还是倒退，是增值还是贬值，和管理者有着密切的关系。一个没有责任的管理者，根本培养不出优秀的人才。

大胆地使用是对人才最好的培养。公司在发展的过程中，可以大胆选用有潜力的人来培养。但反过来，这个大胆选用要先做好评估风险，不至于给公司造成巨大的伤害，同时在公司的容错机制范围内。

人生的职业发展中，刚刚大学毕业的时候第一个起点就是你的心灵扳机，每个人的心灵扳机都不同，早些年可能是为了钱、为了名声、为了地位、为了成长、为了权势。但是最后你会发现人终其一生就是为了追求自由，你想成为理想中的那个人。

知道什么东西能驱动你往前走，这是你职业发展的第一站。有了这一站以后我们应该具备良好的职业发展心态，然后我们应该有人才发展的培养计划和阶梯。

那具体应该如何培养呢？

第一个模式，植入心智模型

比如，像李嘉诚的心智模型是什么？认知边界。要破这个认知边界才能进步。怎样突破瓶颈？就是不断地去学习你不会的东西。所以，我们在培养的时候要输入对应的心智模型。你会的东西越多，你成长的也就越快。

第二个模式，结构化学习

我说话一般都是总分总，任何事情都不超过三点，这就是训练的结构化模型。很多人都问我说，为什么好像你什么都知道，其实我都是有个结构化的模型在脑子里的。我的脑袋里全是结构，结构化记忆是最容易记忆系统化知识的一个方法。

第三个模型，一万个小时刻意训练

一定要刻意训练实践，否则你就不可能去成长。我经常和我的老师说，你要上好一堂课，需要一万个小时。在我们的幼儿园里，我们经常用同课异构的方式，同样的内容让不同的老师来上，互相比较、互相学习。我们的园长抓教学是反复抓，抓反复，直到一个老师能够有的放矢地上好一堂课。

台上一分钟，台下十年功。所有的才华背后都是汗水。

另外，做好绩效管理，才能让人才源源不断。当一个人绩效考核结果是合格的，价值观是合格的，我们才会花大量的时间去培养他。

小企业是经营业务的，大企业是把人当作业务经营的。所以，你会发现每一家大公司、好公司，它在员工考核的时候，永远告诉员工：你在我们公司，你要得到进步、提升你需要满足两个标准：第一个标准是做个好人；第二个标准是做好事情。

做事先做人，这是我反复跟员工强调的。

同样重要的还有人才盘点和组织培养。弄清楚谁是你的张良和萧何，谁是你的刘伯温，谁是你的逍遥子，这就是你在做整个人才梯队建设背后的目的。CEO 在管理公司的时候，要多花点时间在招人身上，这个是最大的投资。不懂人才培养的公司，员工加薪也留不住。

同时，不要迷信找最好的人，要找最合适的人，最好的人一定是你培训出来的、磨合出来的、争吵出来的。这是我多年的经验。曾经很多年我都以为，我们自己的公司人才不够，我们需要到外面去招聘高级管理人才。我们花了很多心思，试了一个又一个，付出了非常沉重的代价，最后发现最好的人都在我们自己的公司里，最好的人都是我自己培养的。

我因为想偷懒，或者说我总以为外来的和尚好念经，总以为最好的人都是别人的。当我从外面招聘员工进来以后没有经过试用观察和训练，直接用到了园长的岗位上，导致这家幼儿园经营状况不断，甚至发生安全事故。痛定思痛，从此以后我们公司绝不从外面招聘没有园长经验的人。宁可笨一点，经验缺乏一点，我们也要自己培养。

曾经最痛苦的一件事，我听信他人的推荐，没有亲自考核，就用了那个姓汤的人做园长。汤园长因为自己也想要这家幼儿园的经营权，就到处说这家幼儿园的坏话，导致这家幼儿园的学生数从 150 人直接降到 35 人，造成幼儿园严重亏损。而当一家幼儿园的口碑做坏了的时候，是很难把它扭亏为盈的。我们树立一个幼儿园的口碑需要三年，更何况这是一个口碑坏了的幼儿园。挽救这家幼儿园，我们整整花了四年的时间。所有的员工都换了，而且又花了 100 万元去装修。四年过去了，我损失了 200 万元，如今才开始慢慢盈利。用错一个人，等于我多支付了 200 万元。

培养人才的过程中当然有苦也有甜。那个跟了我 17 年的楼园长，17 年来兢兢业业，丝毫没有倦怠。她用她 17 年的青春，把我的第一家幼儿园爱咪儿打造成义乌口碑最好的幼儿园。当年我开着一辆破桑塔纳从义乌的乡下把楼园长招进城里。楼园长是那个每天最早到幼儿园的人，也是每天最晚离开幼儿园的人。集团里每次的考核她一定都是前三名。

最让我尊敬她的是每次没有人做的工作她都会去承担。每当我听到楼园长对我说："这个工作我来，没有人愿意做的工作都交给我，我来做。"我都很感动。我曾经让我的园长写过一篇文章，题目是"我最爱的那个人"。楼园长在文中写道，她最爱的那个人是她的丈夫也是我。我的眼眶湿润了，楼园长是个不爱说好话的人，她发自肺腑地告诉我她对我的感激。让我感觉到培养人的快乐和美好。

最近我在培养我的助理，她姓王。她的机敏和干练使我看到了她非常有前途。我在做微博和社群的时候，手把手地教她怎么写文章，怎么做社群。更把她从一线老师调到我的身边亲自调教。我相信在不久的将来，她会是一颗冉冉升起的明星，熠熠发光。

我的苦恼不是说企业亏了多少钱，而是因为我没有培养人，用错人导致企业再向后退。我的快乐不是说企业赚了多少钱，而是因为我培养了人，用对了人从而使企业蒸蒸日上。更何况我培养的是对社会、对国家有贡献的人。当她展翅翱翔的时候，不管在我的公司还是在世界的任何一个角落，她都能生活得很好，工作得很好，出类拔萃，那是我最大的心愿。

如此，当我回忆往事的时候，我能对自己说："雅歌，你对得起你培养的人，对得起你的企业，也对得起这个国家。"

如何留住人才

对于一家优秀的公司来说，真正要保留人才，就要让他在公司找到他独特的价值。员工到你这里来，你提供了什么不同的东西，能够留住这个员工，这个叫作独特的价值主张。

当你对着员工恳求地说道：“留下来吧，亲爱的。”那时已经晚了。人才需要什么？待遇、工作环境、发展空间，这些都是人才留下的重要原因。但是，相当多企业的老板们并没有意识到这一点，他们往往想的是如何降低成本、抓住市场机会多赚钱，员工也被他们列入成本核算里，而不是把员工当作人才，是企业存在的根本。同时很多企业有着浓重的家族气息，在企业管理中，也是典型的家长式作风，事必躬亲，样样插手。在人才管理上往往对员工采取强势的手段，动辄斥责，加上没有很完善的企业文化，无法和大公司、跨国公司竞争的薪酬体系以及福利制度，人才流失的现象非常严重。

那么企业如何留住人才呢？

1. 具有竞争力的薪酬体制

企业要建立具有竞争力的薪酬体制，目的是更加有效地吸引和留住人才。可以说，合理的薪酬制度是吸引和留住人才并且增强企业竞争力的关键。

至于什么样的薪酬才能称为具有竞争力的薪酬，企业可从两个方面来解释竞争力：第一就是与企业同行、同类岗位的横向比较，审视企业的薪酬所处的层次；第二就是在组织内部进行纵向薪酬比较，审视企业关键人才的薪酬是否在企业内部同样处于关键位置。

正所谓好马配好鞍，喂好草才能跑得快，对于关键性人才给予关键性薪酬，不仅是一种显性的价值回报，更是对其隐性的一种鞭策。

2. 太阳永远会升起的希望

所有的人才都渴望看得到发展前景，所以看得到的企业的发展前景比现金更具有价值，更能激发优秀人才留在企业继续奋斗。因为越是优秀的人才看得才越长远。

大量的事实都可以表明，当企业的愿景契合了人才内心真正的愿望时，将会产生出一种强大的驱动力，能使人才极具敬业精神，自觉投入，乐于奉献，因为在他们看来，此时的工作不仅是谋生手段，更是一种组织责任，无形地推动着他们为了这个责任而努力奋斗。

人们是为自己的理由做事。工作的根本动力来源于自我激励。领导者不仅要激励下属，而且要教会下属学会自我激励，更要想办法创造一个能让人们做自我激励的环境。有句话说得好：“你不可能真正激励员工，你只能创造一个使他们自我激励的环境。”

3. 可以施展拳脚的平台

一家好的企业，除了要有好的制度还必须要关注员工成长。工资是给员工今天的钱，能力是给员工明天的钱。优秀人才之所以优秀，就是在过去的时间里，重视自身的成长。让跟随你的人才逐步成长是每个优秀的老板应该做的事，如果优秀人才跟着你得不到成长的机会，他也会选择离开。

所以，要给人才提供一个可以发展的平台。正如韩非子所说："下君尽己之能，中君尽人之力，上君尽人之智"。有效的授权往往能够实现员工与企业的双赢：一方面可以满足员工建功立业的个人追求；另一方面也是实现公司战略规划的一种必然选择。否则，员工会不思进取，而作为中小企业的管理者也会陷入俗务之中而不能自拔。

4. 出色的员工应该得到赞赏和鼓励

管理学教授格雷厄姆就工作场所潜在的激励因素做过一项研究。结果发现，员工最重视的五个激励因素中，有三个与鼓励赞赏有关，即出色完成工作任务后，上司亲自致谢，上司书面致谢，以及个人得到公开表扬。

在现实的管理中也的确如此。试想一下，无论员工取得了多么大的成就，其上司总是一言不发，好像事不关己一样，这会带来什么样的问题？结果只有一个恶性循环，员工将会认为这个上司是非常苛刻、冷漠、没人情味，长此以往，员工的自尊被摧毁，自信被打击，智慧被扼杀，上下级的关系步入尴尬的境地，员工的工作绩效，工作热情自然也是每况愈下。

但若是经常赞赏和鼓励员工，不仅会让员工树立自信心，充满成就感，还会唤起员工的工作激情，激发他们的创意。同时这种经常赞赏和鼓励也对建立融洽的上下级关系起到很大的推动作用。

所以，在管理中，企业的管理者不要吝啬赞赏和鼓励的语言，薪酬是权利，认可是礼物。在工作中多给一点开口即成的礼物，让员工快乐的同时自己也快乐，何乐而不为呢。

5. 留住人才是对员工发自内心的爱

松下幸之助就是一个注重感情投资的人，他曾说："最失败的领导，就是那种员工一看见你，就像老鼠见了猫一样没命地逃开的领导。"感情激励的关键在于要能够探察下属的需求，真诚地关怀下属。关心下属，时时为下属的健康、家境、幸福等着想。

感情激励的最高境界就是"感动"被激励人。领导成效在于"民心向背"，而投资情感则是能收获"民心"的重要举措。感情投资是最值得的投资，是回报最大的投资。事实上，单纯的物质激励是没有上限、没有区别的，只有独特的人性关怀才是企业特有的，也是留住员工，防止人才流失的重要秘诀。

三国时期的刘备无疑是最懂得感情投资的人。关羽投奔曹操后，求贤若渴的曹操就怕他离去，于是三日一大宴，五日一小宴，上马一提金，下马一提银，甚至连赤兔马都送给了关羽，可是最后依然没有留住关羽。那是因为刘备与关羽的相处中，让关羽感受到了刘备对他的"爱"，因此曹操如此厚待关羽，也没有留住关羽的心。刘备他本身没有什么能力，却能通过桃园三结义笼络住关羽、张飞；三顾茅庐请来诸葛亮；怒摔阿斗使赵子龙感动落泪。在三国里可算是最会用情的人了。

我曾经有一个园长，带了 10 名员工的队伍。最后到过年的时候，所有的员工都辞职。你可以想象得到她有多众叛亲离。是的，虽然她很节俭，在给公司拼命地省钱。可是人才是免费的，对于真正的人才，你拼命地去压低她的工资，怎么可能留得住她呢？所有的团队都走光的直接下场就是这家幼儿园一蹶不振。公司总部为了救这家幼儿园整整花了三年，损失了不少钱。

2017 年的时候我们接管杭州一家幼儿园。那个孙园长为什么做不下去了呢？孙园长以为承诺给老师的福利突然没有了没关系，承诺给老师的奖金不发也没关系。但是老师们不买账了，联合起来集体不干了。没了老师看管，心急如焚的家长冲到园长办公室大吵大闹。老师半天的停课导致 80 名学生退费，直接经济损失 100 多万元。当我们接手这家幼儿园的时候，就面临着他们老师剧烈动荡的局面。

老师们压根不管什么《劳动合同法》，要提前一个月打辞职报告，要求两天以后就要走。为了稳住这支队伍，我曾经哭着求老师：“求求你们，留下来吧！不是看在我这个老板的份上，请你们看在可爱的孩子的份上不要走，留下来再教他们一个学期。”可是我的哭声，我的挽留，压根打动不了她们。想走的五位老师一个也没有为你心动，你哭你的，她依然要走。因为她对你没有感情。她觉得外面的世界更精彩，她要离开，至于孩子与我无关。你很痛心，但却无能为力。最后我调动了集团总部储备的老师，才解决了杭州缺老师的这个状况。

当刚刚组建团队的时候，或者接手一家新团队的时候，一定会有人给你下马威。任何的变革，任何希望单位好的举措，也许有人总会反对，只要她觉得她的利益受到了损害。临时抱佛脚是没有用的，没有平时的感情投资，在你想做事的时候，没有人愿意帮助你，只会看你笑话，包括你的员工。

有了杭州这次收购的教训，我们在收购上海幼儿园的时候，力求稳定。我们看到的再多不好的地方，我们都一忍再忍。于是上海两家幼儿园顺利地接管了。不是说上海的老师素质比杭州的老师素质高，而是在她们没有认可我们的时候，我不会去触动她们一丝一毫的利益。人性都是自私的，她刚认识你，凭什么为你考虑？为你接手的公司考虑呢？

创业者们永远要记住，绝对不要有那么一天，你哭哭啼啼地恳求你的员工说：“留下来吧，亲爱的。”我们永远都要未雨绸缪。有志者，事竟成，破釜沉舟，百二秦关终属楚；苦心人，天不负，卧薪尝胆，三千越甲可吞吴。

第八章

客户源于营销

天下没有什么坏买卖，只有蹩脚的买卖人。有人的地方，就会有市场，就会有准客户。

——哈默定律

价格定位定天下

当你有了创业方向，做好了产品，就要马上开始寻找您的客户了。“巧妇难为无米之炊”，客户有量才有质。因此成交之前首先要大量开发目标客户。

市场永远不缺客户，缺少的是发现和积淀。到有鱼的地方钓鱼，到目标客户最集中的地方寻找客户，用合理、合法的办法拦截竞争对手的客户，这样才能真正锁定目标客户。客户不是等上门的，是主动找来的。

顾客对价格是最敏感的。营销中的价格策略就是根据购买者各自不同的支付能力和效用情况，结合产品进行定价，从而实现最大利润的定价办法。企业定价方法很多，企业应根据不同经营战略和价格策略、不同市场环境和经济发展状况等，选择不同的定价方法。

（1）从本质上来说，成本导向定价法是一种卖方定价导向。它忽视了市场需求、竞争和价格水平的变化，有时候与定价目标相脱节。此外，运用这一方法制定的价格均是建立在对销量主观预测的基础上，从而降低了价格制定的科学性。因此，在采用成本导向定价法时，还需要充分考虑需求和竞争状况，确定最终的市场价格水平。

（2）竞争导向定价法，是以竞争者的价格为导向的。它的特点是：价格与商品成本和需求不发生直接关系；商品成本或市场需求变化了，但竞争者的价格未变，就应维持原价；反之，虽然成本或需求都没有变动，但竞争者的价格变动了，则相应地调整其商品价格。当然，为实现企业的定价目标和总体经营战略目标，谋求企业的生存或发展，企业可以在其他营销手段的配合下，将价格定得高于或低于竞争者的价格，并不一定要求和竞争对手的产品价格完全保持一致。

（3）顾客导向定价法，是以市场需求为导向的定价方法，价格随市场需求的变化而变化，不与成本因素发生直接关系，符合现代市场营销观念要求，企业的一切生产经营应以消费者需求为中心。

营销不只是简单的降价，弱势品牌尤其是自主品牌降价的空间已经非常有限，而且随着强势的合资品牌价格不断下移，弱势品牌的降价与生存空间将进一步地压缩。因此不是每个品牌都是苹果，一降价就降 1 000 元，中小企业必须通过战略性降价，同时塑造与树立品牌价值，形成中长期的突破，才有可能在将来的同行产业中有自己的立足之地。

如果您的产品和服务就是服务中产阶层，那么您从产品的包装，服务的特点都要适应中产阶层的喜好。雅歌在义乌的幼儿园年收费在 1 万～ 2 万元。那是因为义乌的中产阶层家长在教育投资的消费理念就在这个区间。当然义乌也有高端幼儿园年收费在 10 万元左右的，家长是义乌那些年收入在 100 万元及以上的家庭。

当你的市场还在蓝海中的时候，你的产品供小于需的时候，你才可以“漫天要价”，那时候没人可以和你竞争提供更合理，更低价的产品。我记得 17

年前我的第一家幼儿园连操场都没有，可我的收费在 2003 年是整个城市价位偏高，高达 2 万元。而第 2 家幼儿园收费一年才 1 万元，我的幼儿园年费整整贵了两倍。那是因为我们为孩子的教育服务质量首屈一指。三年以后马上就有很多品牌进入跟上，爱咪儿也就收不了 2 万元一年只能降价销售。如今 17 年过去了，爱咪儿一年的收费稳定在 15 000 元左右，可是竞争对手一年的收费已经达到了 10 万元。那是因为我们的硬件实在太差了，而民房又没办法改建。做幼教和做酒店一样，一半卖环境，一半卖服务。

当你的品牌没有形成的时候，只能赚取微薄的利润。品牌是靠人才，靠投入去撑出来的。你的定价在市场上是否行得通？还是那句古话，是骡子是马拉出来遛遛。

一定程度上，高价产品反而机会越来越大。谁能把握细分消费者需求，提供高质量的特色产品，谁就能更有机会找到客户。

怎么定高价？把产品卖贵？第一要定位高价位人群；第二要有很好的视觉传达，塑造出大牌感觉；第三要有明确的价格锚点，让人觉得这个价格原本买不到这样的产品，虽然贵，但还是占了大便宜。

如何做好品牌溢价？

（1）需要借力高价元素。比如，意外得到了贵族的青睐。法国、意大利的很多高端品牌曾经只为皇室服务。阿芙借力于大家对法国普罗旺斯的想象力。苹果是利用超高价值。

（2）从小众到群体效应。高价品牌先让小众迷恋，熬到一个点，就会引发群体效应。买产品除了产品本身价值，还因为这个群体的身份认同感。

电商很多老卖家，喜欢做低价，量大，无特色的爆款，为什么？①产品本身没有足够价值。②销售者没有专业能力。③消费者越来越有鉴别力。

电商品牌现在之所以高溢价的很少，是因为淘宝只是一个渠道，渠道带来溢价的前提是这个渠道上有高价属性，淘宝不具备。否则，渠道只是产品展示。产品的高溢价，就是需要通过其他方式来展现，比如，阿芙讲故事、塑文化，以及高档商场建渠道。不过品牌溢价是在渠道之外的功夫，绝大多数淘品牌还只是卖货阶段。

刚创业的小伙伴们，要么起点就高大上，慢慢地积累自己的客户，做好亏损三五年的准备。要么就走亲民路线，打大众市场，赚取合理微薄的利润。

无论是走高端市场还是大众市场，这和你的成长经历、个性特点有关。每一家公司都有自己的气场和特有的文化理念，尤其是在市场上生存了 10 年以上的公司，那种强烈的个性的、独特的味道，只要走进那家公司的人就能闻得到。

一切都是有因缘的。一切有为法，尽是因缘合和，缘起时起，缘尽还无，不外如是。一切的高价都是建立在产品品质的基础之上。否则只会死得很惨。

你的定价是你一家公司的总和。最重要的经营逻辑，就是努力创造高价值的产品，卖高价赚钱。市场没有无缘无故的价格，价格定位定天下。

产品是核心

任何一个产品，都是为了解决用户的问题。好产品就是为用户创造价值。所谓的“价值”，就是解决用户的问题。解决的问题越大，产品的价值也就越大。解决问题的深度、广度越大，产品的价值就越大。

我们一定要找到具有潜力和想象空间的领域，并深入核心的场景，才可能跟随着风口，成为那只可以“飞起的猪”，反过来，就会变成那个“最笨的熊”。

产品的问题，最终都是人的问题——那些受产品影响的人。所以，想要做一个好产品，首先就是要搞清楚谁是用户，然后才有价值可言。

一个妈妈给孩子买尿不湿，这里的妈妈就是客户，孩子就是用户，孩子用完后屁屁干爽没有湿疹，那么客户就满意，这就是双赢的局面。

好产品具备三个基本条件：价值、可用性、可行性，三者缺一不可。没有价值的产品，拥有再好的体验、再漂亮的美观都无济于事。

首先我们来看价值。产品核心价值是提供不同的优质服务和同等品质更低的价格来解决用户的实际问题。你看同样是幼儿园，你提供的是基本的课程，我还专门引进独家的意大利瑞吉欧教育体系，保证了我培养的孩子比你更有独特性。你的幼儿园只是教学，而我的幼儿园每个月有大型的亲子活动，增加了亲子之间的沟通和相处时光，这也就是不同的优质服务。你的幼儿园孩子只会说中文，我的幼儿园孩子三年以后还能说一口流利的英语，这更是一种优质的服务。这不同的优质服务，我就可以收到更高的价格。事实上，这就是所谓的差异化竞争，差异化是你独特的标签，也使你可以收到比市场上更高的价格。

同等品质我有更低的价格，非常适合于“红海”。如果你不能提供与其他人有差异化的产品，你就用低价去吸引客户。差不多的产品，试问谁不愿意去买更便宜的呢？

再看可用性。哈特森认为，可用性主要包含有用性和易用性两个层面。有用性主要指产品是否能够完成一系列任务，易用性是指产品在完成任务的过程中的效率，操作性和用户对其满意度评价。

张小龙说过，我们开发微信是给人们带来了沟通上的便利。微信不但能发文字传图片，也能转文件，打电话，这就是有用性。但是客户使用的效率高吗？操作性好吗？满意度强吗？这也决定了客户是不是会随时打开微信。你看微信的界面总是那么简洁，操作性很强。曾经有一段时间朋友圈到处都是微商广告和鸡汤，微信对此做出了一些限制，促使用户有意愿去打开朋友圈，提高了满意度。

现在不少产品会在设计里巧妙地设计出一些动效，动效的作用一方面可以帮助用户理解；另一方面也能带给用户一些愉悦感。我们看直播平台里的送礼物，当用户给主播送出礼物后，屏幕上可以看到一个礼物绚丽地给到了主播，对主播来说一方面知道自己收到了礼物；另一方面也会因为这个过程的绚丽让主播更加开心。再如智行火车票的提醒功能，当用户设置了某个车票监控后，系统会在开抢的前 5 分钟收到语音提醒，这样对于用户来说就不需要担心忘了抢票的时间，这是一个很贴心的设计。想用户之所想，这些都能提高用户的满意度。

产品的可行性。没有经过审视的人生是不值得过的，同样没有经过审视的需求也是不值得做的。使用者在乎的是产品能否解决现实场景下的实际需求，以及使用中的用户体验。

朋友曾经从日本带回来一个刷牙器送给我。但是看到那繁复的步骤，我就把产品放在了一边。他觉得送了我一个价值 1 000 元人民币的好产品，在我眼中却是分文不值。这就是产品根本不能解决我的实际需求。

我的朋友来问我能不能做早教？我告诉他早教不是刚需，它不是每个家庭都需要的产品，请你慎重。我的朋友没有听我的建议，在大型商场投资了 500 万元，开了一个早教中心。这家早教中心装修就花了 300 万元，真的是美轮美奂，可是有什么用呢？不是每一个家庭都会把一岁左右的宝宝送过来参加早教课程的。我的朋友大量的时间都花在培育市场去教导父母，你的孩子应该送过来早教。半年过去了，他的学生才只有五六十个，压根不能支撑他高昂的房租和高昂的人工成本。朋友又苦苦支撑了半年，直到他把所有的存款都用尽了，该借的钱都借光了，才草草收场。他之所以失败的原因，其实就是他的产品并不是用户的真实需求。大多数的父母依然认为要在路上奔波两个小时，来早教中心上一个小时的课，对孩子的智商、情商的发展帮助并不大。一个对用户没有做过可行性分析的产品贸然上马等待他的就是赔钱亏损。

可行性分析的时候还要考虑需要多少投入成本？每一个需求背后，都需要一定的投入成本，包括人力成本，软硬件投入，后期的运营推广等成本，尤其是运营推广的成本，可能是最大却最容易被忽略的成本。

比如，你在产品中增加了一个“审核”的功能，这个功能可能很简单，开发用不了几天就完成了，但是审核这个工作需要人来做，有可能需要大量的运营人员来做审核，这部分成本比开发成本高很多。所以，必须全面地来评估一下成本多高，然后根据公司的实力或投入，决定这个功能要不要进行开发。

产品的用户体验也在很大程度上关系用户是不是会再次购买你的产品。在一个竞争激烈的市场，很难有第二次机会去接触用户。市场上同类的竞品越来越多，当一个用户离开你的产品，并习惯了别的竞品时。他很难会再回来使用你的产品。好的用户体验不一定成就一个产品，但是坏的用户体验绝对可以毁掉一个产品。

不要试图说服顾客而是尽量满足顾客。我总是给我的员工培训时和他们说家长来了你就听他的诉求，不要一味地强调你有什么，而是要去听懂家长需要什么。然后有的放矢地回答家长，你能不能解决他的需求，满足他的愿望。有的家长把孩子放到你的幼儿园是为了吃得好，那么你就要展示幼儿园的伙食。有的家长把孩子放到幼儿园，是为了这里的教学好，那么你就要展示幼儿园的教学水平和课程特色。

好的体验还能促进用户的分享，分享也是用户体验的重要组成部分。2017 年春节我去了不丹，在不丹住了一晚全世界最贵的酒店，那一晚一共花了我 1 万元人民币。这一晚的住宿并没有觉得它比五星级酒店好多少，房间设施 1 000 元的五星级酒店和它差别并不大。安缦酒店比五星级酒店多的是提供奢华的米其林式的晚餐和不限量的各式各样的酒，你想喝多少酒都没有人说你。但这并没有打动我，打动我的是第二天我们退房的时候，酒店工作人员送我们到路口，并给每个人赠送了一个小礼物。事实上它比五星级酒店收 10 倍的价格就在于它的服务和体验，并且人人都发了朋友圈去赞美安缦酒店的设施和服务。

随着互联网越来越普及，体验越来越重要。尤其是大型商场，现在都在缩小服装百货的面积。而把更多的楼层留给了体验。以前大型商场的体验只是停留在餐厅一层和美容、美发、娱乐一层。比如，现在的万达茂，它增加了亲子体验，运动体验，赛车体验。整个万达茂已经把 3/4 留给了体验区，卖产品只剩下 1/4 区域。而像上海的大型商场爱琴海，它更是在顶楼做了一个大型的滑雪场，把东北白雪皑皑的滑雪场搬到了室内，给了南方人一个冰雪世界。如今的生活你不做体验，那么大家就宅在了室内，一个手机就解决了吃喝住行。要让他感受，让他亲身经历，你才能把自己的产品送到客户的怀抱里。

做好你的产品吧！你就成功了一半。每一家公司做到最后都不是在做产品，而是在做服务、文化。

任何产品需求，挖掘到最后都是人性。

渠道哪里来

当一件产品具备了“产品”的定义之后，自然会形成其内在的价值，也就是我们通常说的价格。但是在产品从下了生产线开始，就面临着一个很重要的问题——流通。产品只有能在市场上正常地运转和流通才是其得以生存的根本所在。所以，“渠道”具有非凡的意义。只有在现实的市场流通中注重产品的渠道维护，才能从根本上杜绝产品滞销带来的诸多问题。

对于雅歌公司这种特殊的教育产品，我们采取的都是零级渠道。消费者主要买的就是我们的服务。对于幼儿园来说，教只是一小半，保育才是重中之重。那么服务对我们来说就非常重要了。我经常对我的员工讲，五星级酒店的服务就是我们一家好幼儿园的服务，我们不但是教育行业，也是服务行业。

近几年，越来越多的企业舍弃的一级批发商和二级批发商，直接对终端进行掌控，这样有利于产品的分销。控制渠道可以说是做好营销的必要手段，甚至有渠道为王的说法。

如今的房地产市场销售被牢牢地控制在渠道商手中，也就是我们所熟悉的房产中介。开发商往往要给房产中介 2% 的佣金，有些楼盘的佣金高达 10%。

融创地产的渠道方式非常值得借鉴。集团营销总经理推动即可，一切为了销售，一切为了客户。渠道即借助事件、热点等搭建渠道体系，打通企业内部资源，激活用户参与，省掉中间渠道，自己争取优惠。我曾经在上海的仁恒地产看房子，却被融创的工作人员拉到了他们公司的项目旁，被融创公司的优惠力度打动，鬼使神差地买了融创的房子。

融创在 11 月结合双十一推出的“炫福季”，开启渠道通路，一端是企业让利 11.11 亿元，一端是邀请用户参与砍价，为自己争得优惠。中间用企业官微 +H5+ 小程序作为连接桥梁，而非外在渠道。原本给到渠道的高额佣金，现在成为购房客户自己争夺到的“权益”，一方面购房者有参与感，游戏的方式还能实际得到优惠；另一方面激活购房者的朋友圈，增强了项目的知名度，让更多人关注融创。

所有的对外推广流量，经过传播发酵、客户参与之后，再蓄积回流到融创官微这个大流量池，又成为下一波活动更大的用户参与雪球，越滚越大。

房企自建渠道，无论是长效还是短期，都是把主动权、控制权留给自己。人性没变，营销的本质没变，传播的形式有变，参与方式大变。

如何更好地贴近用户，赢得关注，建立连接，激活参与，激发互动，抢占心智。这是我们每家公司都应该思考的问题。不要被渠道扼住了咽喉，让渠道为你所用。

以前我们往往先通过渠道驱动积累资源，后品牌驱动，这已经成为很多中国企业崛起的路径。但随着营销环境的变革，传统渠道正在面临着空前的挑战，甚至有专家直呼“渠道驱动力已经消失”。

如今社会伴随移动互联网的发展普及，用户生存空间发生了迁移，从过去的一度空间（线下）进入了如今的三度空间（线下、社群、网络）。这也就导致了用户购物习惯和社交方式的极大改变：终端店主的生意逐渐被电商抢占，用户逐渐失联，并且注意力越来越碎片化和不容易被捕捉。用张瑞敏的话说：“过去是打固定靶，而如今是打移动靶。”

从“固定靶”到“移动靶”，难度显然增加了不少。那么，我们如何来应对这场挑战呢？我觉得不管用户是在一度空间还是三度空间，其分布总会有一些规律可循，而这些规律正是渠道布局的背后逻辑。

比如，在传统渠道时代，人群的分布主要呈现的是地域特征，在渠道闭塞、信息还没这么发达的时代，同一个地域的消费者基本会呈现大致相似的消费属性。因此，那时的渠道布局也主要用地域来思考，依靠地域经销商一层层地往下分销，直到触达终端消费者。而进入移动互联网时代以后，信息渠道、购物渠道已经突破了地域的限制，消费者的地域属性逐渐式微，圈层属性开始凸显。每个人都有自己的圈层，而且互相影响。你的圈层越大，你的影响力，带货能力也就越强。

我们的消费已不再是单纯的购买行为，而是基于同一圈层或爱好产生的社群归属感和认同感。而连接目标用户的一个关键就是 KOL，他们在传统渠道时代是专家、推销员，在移动互联网时代则变成了大 V、网红、团长、群主甚至身边的亲戚朋友。

物以类聚，人以群分，这条规律不管在什么时代都不变。如今，借助移动互联网的连接效应，原来分散在各地、从事着不同职业的人，在同一兴趣爱好的指引下汇聚到不同的网络社区里，比如微信群、微博、头条、豆瓣、抖音、快手、小红书等，而维系和连接他们的就是 KOL。

KOL 有大有小，大的像李佳琦、薇娅，拥有超强的带货能力，传统渠道通常几个月的销售业绩，他们可以分分钟打破；小的如社区拼团的团长甚至自己的员工、老顾客，只要他有一定的影响力和人际关系资源，都可以带来很好的销售转化。我们已经进入了一个“人人即渠道”的时代，这个时代的渠道分布逻辑正在由地域回归到人群，这场战争也由争夺经销商到抢占 KOL。

雅歌在 2018 年开始运营微博。经过两年多的时间，成为教育和创业方面的 KOL。这将近 1 000 个日日夜夜，我没有一天中断过微博的更新。就是靠着这种滴水穿石的精神，我积累了 44 万的粉丝。

2019 年 8 月 1 日我开了微博的“V+ 会员群”，当时对微博群体的定位产生了错误导致我的价格偏高，但也有 200 多的会员加入了雅歌的 V+。这些会员除了和我一起成长以外，我们更是有共同的价值观，于是在我们的雅歌群里面带货就非常容易，我轻易地卖过螃蟹，也轻易地卖过化妆品。因为信任了你的人，自然就信任了你的产品。雅歌的这个“V+ 会员群”事实上是基于 KOL 的社群空间。在这个社群里面，大家有问题互相帮助解决，共同成长的经历让我的会员深深地信任我。

人在哪里，渠道就在哪里。

2019 年，大卖场小型化以及小业态下沉至社区受到各大零售商追捧。据了解，目前已有多家零售企业在布局小业态，盒马开设 mini 店，永辉大力布局 mini 店，物美主打多点便利店，沃尔玛也推出惠选超市，华润万家更是凭借小业态品牌乐购便利店率先抢占赛道。

2020 年，人工智能助力无人零售再发展。目前，无人零售市场主要包括三种形式，其中自助售卖机市场开始得早，较为成熟，智能化技术改造、应用的可行性也相对更高，而开放货架和无人便利店迅速爆发，并迅速归于平静。智能无人零售的上半场是跑马圈地式的“点位大战”，下半场关键则在于立足自身需求和定位的精细化运营。

随着移动互联网时代的到来，线上线下体验的一致性成为新常态，线下门店向多元化、个性化发展。互动体验店、复古概念店将成为主流。

如今与其他引流方式相比，直播、短视频也是最为热门的流量入口。在线上渠道抢占过半市场份额后，线下的寒冬期显得格外漫长，门店的客流越来越少，急需寻找有效的引流方式。通过直播、短视频，既能有效和消费者互动，还能在带来有效客流的同时，取代一些老旧的营销方式。

渠道为王没有变。变的只是渠道，以前的渠道是中介，是区域代理商，如今的渠道是 KOL。跟上时代的步伐吧，客户永远在我们自己的手中。

促销方法选择

促销是在销售过程中绕不开的一个问题，无论是新品上架，还是滞销产品压仓导致资金周转不开，都需要采取促销手段，帮助货物更好的流通。

促销策略的方法有很多，并不仅仅局限于传统意义上的降价打折。比如这些方法我就觉得能很好地带动了物品的销售。

（1）产品买赠或搭赠，人气产品带动非畅销品。比如客户一次性团购好几件较为畅销的产品，就可以赠送相对人气没那么高的产品给客户。一方面可以防止产品积压仓库；另一方面也让用户收获到实在的优惠，吸引他们二次购买，或者把产品推荐给身边的同事和朋友。

（2）实物赠送。频繁的产品促销，容易使终端感觉到乏味，厂家在保证渠道促销空间基础上适当地改变了促销方式。如买10件新品赠送空调被一件，或一次性进货50件送手机一部，或者累计销售达一定数量赠三轮车一辆。实际操作中，赠品大米和色拉油等日用消费品与老百姓生活比较贴近易于变现，终端相对比较容易接受，容易取得良好的效果，但终端也容易把赠品折算到价格利润中，导致产品价格降低。

从我自己的购物体验来看，同样的两种化妆品都是我用的，而我购买的时候我就会走到有赠品的化妆品专柜，有时就为了要到那个赠品而多买了一堆的化妆品。

（3）现金返还，直接刺激用户购买。现金返还的方式是最吸引消费者的促销手段。举个例子，某客户一次性购买了两架电子琴，就享有在现有的货款上直接进行500元现金返还的优惠。此种促销手段只能作为一种即时性的手段，而不能频繁使用。否则将引起用户对其他促销手段的乏味和排斥，以免为以后的促销实施设置障碍，毕竟任何促销手段都不如现钱的冲击力强大。

（4）生动化支持。许多企业为充分进行品牌宣传，促销信息充分传达，对终端进行店招 / 门头制作，店内 KT 板、POP、灯箱、海报、灯笼、价格签、店内外堆箱展示等，进行年度买断生动化或阶段性的生动化，只要能够按照公司标准，就给予终端一定金额的奖励。

（5）专职促销员。设专职促销，在终端店直接向目标消费群宣传、推介产品，品牌推广等。关键点是设计专业说辞与产品卖点，品牌推广说辞，以及促销人员推销技能与临场应变能力的培养。

不要说一般的物品，就连我们做教育的公司，所有的招生口径全是要统一设计和背诵的。我们由集团总部专门设计了一个招生的口径，然后对所有的招生主任进行培训，以确保分布在全国各地的幼儿园以统一的标准和形象面对家长和客户。总部会派人下去指导和检查，看看招生主任面对家长所说的，有没有与公司的教育理念相违背。

（6）任务完成率奖励。根据销售任务完成情况进行奖励，是指厂家为了鼓励终端积极推销自己的产品而设立的，是在规定单位时间内完成任务目标数量的一种价格补贴。这种激励行为一般在事前约定好：一是规定了销货时间；二是规定了应销售的货品量；三是规定了不同情况下给予的奖励幅度。在最短时间内，销售出去尽可能多的货物，任务完成情况越好，奖励就会越大，反之则比较小，甚至没有奖励优惠。

（7）免费提供品尝和试用品。免费品尝和试用品促销：在促销之时，零售店可以在比较显眼的位置设专柜，免费品尝新包装、新口味的食品。非食品和其他新商品实行免费赠送、免费试用，鼓励顾客使用新商品进而产生购买欲望。例如，许多连锁百货店设有美容专柜，免费为愿意试用新品牌化妆品的顾客做美容。

我最佩服的是我在上海看到一家餐饮店。在门口写了一个大大的广告牌，就说免费试吃豆腐。他们家的豆腐味道纯正。顾客们都好奇地进入这家店，然后就为了免费试吃这道菜，占这个便宜而坐下来点了一大桌的菜。他用舍换来了更多的得。天下熙熙，皆为利来；天下攘攘，皆为利往。让客户得到利，于是你也就得到了利润。

（8）客户授牌奖励。对于销售实力是非常强的，销售量比较大的经销商或终端客户，为了提高其对企业的忠诚度以及荣誉感，不仅要物质奖励还要给你显性的荣誉奖励，诸如授予“××年度销售状元”等称号。对于客户而言，物质奖励和精神鼓励同样需要，授予这样的牌匾也是对客户销售的认可，同时也刺激了一部分其他客户。把握客户互相攀比的心理，不失为一个好的激励手段。

对于我们公司来说，非常喜欢用精神奖励。作为教育公司，很多时候强调的是付出。平时我们在培训老师时经常告诉他们，我们生产的不是袜子和衣服，袜子和衣服生产坏了我们可以处理掉，如果孩子教坏了我们不可能把孩子

“处理掉”。我们的工作小则影响一个家庭的未来，大则影响一个国家的未来。所以，我们是有使命感的公司。

孩子成长以后，他记住的是初中、高中的老师，他很容易忘记幼儿园的老师，我们是绿叶、我们是泥土、我们是那默默奉献的英雄。我经常告诉老师，好好地呵护孩子，不让他受委屈，你再苦也要愿意。我们经常每个学期评选绿叶奖、奉献奖。这种精神上的奖励促使做过老师的人，他也不可能再去卖服装，卖鞋子去赚大钱，他有神圣的使命感。

（9）培训支持、人员助销，增强团队销售力。随着市场竞争的加剧，市场状况因经销商各自的自身运作水平较弱，越加难以把控。在这种状况下，企业要给经销商多一点资源支持，以提高渠道商的运营水平，增加渠道商的竞争力。

在培训体系方面，其实很多直销公司是做得很好的。比如安利、玫琳凯。它们的培训体系几乎每周都举行，很多人在安利、玫琳凯卖产品时，他们说因为我获得了很多的成长，愿意待在这样的公司，愿意把产品分享给我身边的朋友。

（10）排名奖励，刺激销售积极性。销售排名奖励一般表现为两种形式：一是阶段性销售竞赛排名；二是年度销售排名。

阶段性的销售竞赛上，按销售排名进行奖励不同实物的办法，如在一个月内销售排在前三名的员工，第一名获得高端智能手机一部、第二名获得洗衣机一台、第三名获得微波炉一台等。销售人员在通过努力获得实物奖励后，工作起来将会更有动力。

年度销售排名是对优秀的销售人员，在年底除了正常的合同约定福利外，另行奖励豪华旅游、豪华电器、现金等。对于贡献较大的员工，可以考虑提供配送车辆免费使用，方便和客户特别是稳定的大客户之间的交流，帮助维护客户关系，创造更好的业绩。

我们公司经常做一些年度的招生评比。一家幼儿园学生多，不仅仅是他们平时教学扎实，他们在营销方面也是下足了功夫。对这样的团队，我们往往奖励出国旅游。对于年轻人来说，出国旅游比你送他几千元还管用。

对于营销和促销，我们要记住的心理学原理是，消费者要的不是便宜，也不是占便宜，他要的是确信，只有他自己占到了便宜。我们要牢牢抓住消费者的这种心态来设计促销手段。促销要出乎消费者意料之外，但是又在情理之中。

比如，关于产品的折扣，让利特价，关于买赠促销，我们以前的方向总是告知大家，我们促销的折扣是最低的，让利是最好的，特价也是最低的。这时候你的客户并不一定会买账，因为你的这个政策让利特价和买赠是针对所有人的，是广而告之的。你要出乎消费者意料之外，又在你的情理之中，你要留一手。留一手的这个部分是在消费者即将成交，即将临门一脚的时候，假装额外申请工厂特供，每月限定几个名额，相当于折上折，让消费者感觉促销特价让利，是广而告之以外，她个人的魅力和努力向你申请过来的。你要制造一种这样的冲突，给到消费者他独占便宜的感觉，于是顺利成交。

当然对于教育产品，我们不要太物质，我们往往用情感式主题打动顾客。情感营销之所以受到消费者认可，是因为它在能够满足消费者对产品本身特定需求、优惠购买希望的同时，还能够打动消费者在某一方面情感上的诉求，形成共鸣，建立持久的关系，既而形成消费习惯或品牌忠诚度。

我们要把促销主题情感化，实际上是指主题应该具有一定的文化性。如一些企业在促销主题上，喜欢用“圆梦计划”。我们公司也经常用圆梦计划，因为教育有时卖的就是一种梦想。每个家长都望子成龙，望女成凤每个孩子身上都寄托了一个家庭的未来，许许多多的父母，把“身家性命”都拼在孩子的身上。当你给他描绘这个美好的未来，让他相信时，他会毫不犹豫地为这个梦想买单。这也就是很多高端幼儿园还有很大市场的原因。试问读幼儿园，一年学费 10 万元，20 万元，成本哪要那么多？他卖的就是溢价和梦想。

人往往自己亲自参与的，他才会有感情，他才愿意付出。所以在设计促销手段的时候，不要自己玩。我们要用互动来吸引顾客。“寻找嘉年华”带有互动、召集意思的词语用在促销主题中，以吸引顾客的参与兴趣。当顾客真的参与进来的时候，就意味着你已经成功了一大半。

在我们幼儿园，我们经常做一些家长参与的活动。比如，年后的元宵节，我们就会邀请家长来猜灯谜；春季了，我们邀请家长一起来踏青；秋季了，家长们和我们一起举行运动会。曾经我们幼儿园每年为六一晚会需要很多的费用而苦恼。后来我们让家长参与节目，让他们给孩子们买道具，买服装，给孩子化妆的时候，家长不但付出了劳动，还自告奋勇掏了很多钱来贴补我们的晚会。一场四五万元的晚会通过家长的参与就这么轻轻松松地解决了。是的，家长们在一次次的参与中高度地认可了你，他们会很积极开心地转发朋友圈，然后很自豪地告诉他身边的朋友：“我家宝贝的幼儿园多棒啊，他们的幼儿园多开心，多快乐呀！”于是在一次次的参与体验中，家长成为你忠实的粉丝，他走到哪儿都会说，我家宝贝上的幼儿园是最好的。

宣传与自媒体

宣传是运用各种符号传播一定的观念以影响人们的思想和行动的社会行为。

大众传播媒介是如今最有效的宣传工具。快速传播媒介（广播、电视、报纸、户外）容易影响受众对日常事件的看法，慢速传播媒介（杂志、电影、书籍）容易影响受众的文化和价值观念。快速传播媒介影响受众更为广泛。选择宣传媒介要注重符合特定受众的要求。在大众传播媒介迅速发展的时代，受众通过选择性注意、选择性理解和选择性记忆来对付严重的“信息超载”现象。因此，要达到宣传目的，必须了解和分析受众在选择传播媒介时会最注重和最易受哪种媒介的影响。

对于企业来说，以前采用的宣传手段大多是广告单。稍有实力的企业会选择户外广告、电视广告，报纸广告。

2003 年，我开办了第一家幼儿园，当时想到最省钱也最方便的就是广告单。我印了 2 万份广告单派老师在各个小区发放，应该说在 17 年前发广告单还是有效果的。我们又做了一些广告单夹报，随着几万份报纸飘进了千家万户，这些都快速地把我的第一家幼儿园爱咪儿印进了客户的脑海里。当时我的爱咪儿幼儿园的股东是做户外广告的，我们用了极其便宜的价格，承包了整个义乌市主要街道的户外广告。仿佛一夜之间，义乌的大街小巷都出现了我们爱咪儿“人生起步，尽心呵护”的广告。爱咪儿这个品牌在义乌迅速崛起，如今 17 年过去了，破旧的环境依然没有影响家长对我们品牌的认可，爱咪儿的报名招生工作依然非常容易。

15 年前我们也选择过报纸广告，当时在当地的义乌商报登广告，动辄也要上万元，但是效果微乎其微。10 年前我们公司又选择了电视广告。但是十万元投下去几乎没有效果。10 年前大多数年轻人都不看电视了，更何况现在呢。

如今已经是 21 世纪 20 年代了，传统的宣传渠道已经没有什么效果了。如今的自媒体迅速崛起。何为自媒体呢？自媒体就是指普通大众通过网络等途径向外发布他们本身的事实和新闻的传播方式。

在中国，自媒体发展主要分为 4 个阶段：2009 年新浪微博上线，引起社交平台自媒体风潮；2012 年微信公众号上线，自媒体向移动端发展；2012—2014 年门户网站、视频、电商平台等纷纷涉足自媒体领域，平台多元化；2015 年至今，直播、短视频等形式成为自媒体内容创业新热点。

在自媒体领域，只有品质优良的内容才会受到人们的追捧、关注及转载，而流量变现也就变得更加容易。所以在内容运营上，一定要找自己最擅长的领域或者最感兴趣的领域，这是动力的来源。

自媒体营销应该怎么做呢？确定你的自媒体传播渠道。方向是第一位的。自媒体的传播渠道众多，公众号，直播视频平台、论坛平台、微博平台等，要根据你的优势，面对的目标客户群确定你要营销的主要的传播渠道，进行精耕细作。

精力有限，聚焦自媒体渠道。自媒体渠道主要包括微信公众号，微信包括订阅号和服务号，针对已关注的粉丝形成一对多的推送，推送的形式多样，包括文字、语言、图片、视频等，并且基于微信本身庞大的用户基础，传播效果遥遥领先于其他渠道。有一则新闻，张小龙自豪地宣布微信活跃用户已经超过 10 亿了。

新浪微博：微博较微信更为开放，互动更加直接，推送不受数量和时间的限制，形式多样，并且因其开放性而容易造成爆炸式的传播效果。

社交网站：包括天涯、豆瓣、猫扑、人人等社区，这些网站有其对应的用户群体，网站内部也有多种玩法，例如豆瓣日志、豆列、小组等，也具有良好的传播效果。问答平台：以这几年发展红火的知乎、分答等平台为主，这些平台重视内容本身，在站外搜索引擎上的权重较高，常形成用户分享信息的发源地。

短视频平台：以抖音、美拍、秒拍、快手等应用为代表，短视频符合受众的大脑接受和移动端使用习惯，在视频移动化、资讯视频化和视频社交化的趋势带动下，短视频营销正在成为新的品牌风口。

2019 年的彩妆品牌完美日记就是一个非常好的自媒体营销典范。完美日记凭借自媒体营销策略，稳坐彩妆品牌销量 TOP 前 10 名。完美日记主要是利用各大自媒体平台，做全网内容营销，进行素人推广，KOL 推广和明星推广等。

第一，品牌入驻小红书，疯狂吸粉 200 万。小红书是她产品推广的主战场。再让素人在小红书上推广，增加用户信任。完美日记在小红书上的笔记大多来自普通用户的体验感受。消费者的良心“种草”推荐，生活场景的应用，大大增加用户对品牌的信任，容易产生共鸣。

再加上 KOL 推广，忠诚粉丝迅速增长。完美日记在产品“种草”上是花了很大心血的，邀请了很多头部和 KOL 撰写原创笔记。对其产品进行测评、试色和对比，用自己的消费感受引导消费者购买产品。这样的营销模式使得许多旁观的消费者，成为完美日记的忠诚粉丝。

完美日记最后请来了明星助阵。借力明星效应，迅速扩大了知名度。她在铺垫好所有的基础数据，取得用户的一定信任之后，邀请了林允儿、欧阳娜娜、张韶涵等明星实名制向用户推荐其产品，产生爆文。这个方式无疑是让完美日记名声大噪，许多消费者纷纷路转粉。

第二，目光独特的完美日记，果断地选择了抖音和 B 站（bilibili）作为其宣传产品的主要短视频平台。完美日记选择带货达人李佳琦“种草”推荐，而“李佳琦”多次在抖音推荐完美日记的口红等产品。很多用户就是看了李佳琦的种草视频才了解到完美日记这个品牌的。

第三，微博作为美妆行业的主战场，完美日记依然做得很棒。她先后请了许多 KOL 在微博上带动话题，通过博文视频等形式，种草产品的性价比、效果等，全网阅读量飙升。2018 年，完美日记邀请人气偶像朱正延代言品牌，开启完美日记在微博上的刷屏模式。

第四，我们都知道，知乎是我们国内来说相对比较专业化的平台之一，很多人在遇到专业问题的时候，往往都会在知乎上寻求答案。在“种草”和推荐领域做得很成功的完美日记，当然也需要专业化内容的支撑。完美日记在知乎上多以回答专业性问题为主，从专业角度解读其产品的功效与实用性，让很多人看到了一个专业的美妆品牌。

完美日记除了在以上领域运用地驾轻就熟以外，还在公众号和快手等平台投入了一定的精力，形成了全方位的自媒体营销覆盖，成就了她彩妆排名前十的江湖地位。

而我们公司运用得最好的就是微信公众号和朋友圈营销。我经常告诉我的员工，现在你拿着广告单在大街上发广告，那是很 Low 的表现。更何况你前脚发了广告单，他后脚就把你的广告单扔进了垃圾桶。

10 亿活跃的微信用户，有手机的人就有微信。微信朋友圈的内容，直接决定客户对我们的评价，所以微信营销必须循序渐进，切记频繁刷屏，或发布一些没有意义的广告。朋友圈发布的内容要有质量，不断塑造个人专业形象，具体内容包括品牌宣传、产品展示、实景案例、团队文化、个人形象等，从而赢得目标客户信任和喜爱，增加转化概率。

朋友圈发布的时间：7—8 点，起床或上班时间段，新的一天大家醒来都期待了解外面的世界，在上班的路上乘坐地铁、公交车也喜欢拿手机浏览。12—13 点，午餐或准备午休时间段，大家会选择这段时间收发信息，在朋友圈互动。21—22 点，吃完饭、散完步躺在沙发或者床上看电视时间段，一天中最放松的时间段，朋友圈也是打发时间的地方。

朋友圈每天发 3 ～ 5 条为宜；太少很难让人看到我们的身影；太多谁也不喜欢刷屏的好友；精选、错开时间段，会让人觉得很有内容、很自强上进，通过你的微信能够吸收很多东西。长此以往，有了信赖营销就简单了。

朋友圈的内容要新颖有创意。我们曾经做过这样的招生广告：腾讯改变了人们沟通的方式，淘宝改变了人们购物的方式，余额宝改变了人们存钱的方式，支付宝改变了人们支付的方式，夏月荷花教育刷新了孩子学习的方式。请立即拨打招生热线，现在报名更有超级大礼包。你看了是不是也有报名的冲动？

朋友圈多点赞，拉近关系。巧用朋友圈位置。怎么把自己的广告语植入

“所在位置”。点开“所在位置”再点“搜索附近位置”，然后打字输入你的广告语，再点搜索，会出现“没有找到你的位置？创建新的位置”，点一下，就出现“创建位置”的窗口，按上面提示填写后再点完成，就可以了。再发朋友圈时，你就能在“所在位置”里，找到你设计的广告语了。

真心地对待你的每位新朋友，多与他们交流。朋友圈没有互动也是不可能产生销售的。如果有人加你，一是要向你学习；二是想和你合作；三是喜欢你。不管哪一种，你对每位朋友都要好好对待。人家找你沟通，你再忙都要回复，不管是评论还是留言，千万做到不要遗落，让人感觉他的存在性和对他的一种尊重。加了之后没有交流的朋友，不算是有价值的朋友，凡是愿意和你交流沟通的，都有机会成为你的好朋友，有机会和你合作，所以建议不要放过任何一个和你聊天的朋友。

最后提醒大家，要给自己做一个定位，树立恰当的形象。做木门的，可以定位为木门专家，卖衣服的，可以定位成服装搭配专家，像雅歌是做教育的，就是教育专家。然后我们发的内容要符合这个身份，身份的目的是让我们成为意见领袖，更好地促进销售。

如果说朋友圈是日常营销，公众号就是给它一个升华版的专业营销。公众号可以尽情地展示你的才华和专业身份，提高客户对你的黏性。

关注公众号的往往都是忠实粉丝。只要粉丝对你爱得深沉，愿意为你的任何产品付费，就足以让你过得很舒服，一个忠实粉丝抵得过 1 000 个路人粉。再小的个体也有自己的品牌；再小的公众号，只要粉丝精准黏性高，一样能赚钱。

打造有腔调的公众号。公众号本质上也是一个产品，任何营销本身都不能脱离产品根本。在内容同质化的今天，拥有独具特色的产品才能在竞争中胜出。除了那些头部大号之外，很多中小号也能获得很好的发展，是因为已经拥有非常鲜明的账号人格化。打造有腔调的自媒体账号，才能拥有很强的变现能力和粉丝黏性。

什么是有格调？格调就是差异化，有鲜明的个性特点。当你能写出与众不同的内容，当你用不同的视角去分析问题，你的文章就会显得十分有格调。

自媒体和打井一样，一直往下打，越到最后，水就会越多。而如果东一铲，西一铲，那是没法打出水的。这是什么意思？这是告诉我们，一定要聚焦，要深耕垂直领域。越聚焦，越垂直，越有可能成功。做得好的头部大号，都是特定领域里的佼佼者。

要想有成绩，就要耐得住寂寞。用户不是傻子，他们虽然很容易被忽悠，但他们不会一直被忽悠。如果你用真心对待你的读者，他们也会用真心回报你的。即使涨粉很慢，你也不用着急，口碑会如滚雪球般越滚越大的。当他完全信任你的时候，你卖什么他都愿意买单。

寻找需求及销售流程

销售最关键的环节是探询客户的需求。销售人员一定要牢记：在没有完全、清楚地识别及证实客户的明确需求之前，请不要推介你的产品。客户购买产品是因为有需求，因此就销售人员而言，如何掌握这种需求，使需求明确化，是最重要的，也是最困难的一件事，因为客户本身往往也无法知晓自己的需求是什么。

那么，如何成功探求客户的需求呢？有一种探求客户需求的好方法就是询问。销售人员可以在与客户的对话中有效地提出问题，刺激客户的心理。客户经由询问，而能将自己的潜在需求逐步从口中说出。这几种提问方法可以帮助你成功探求客户的需求。

1．状况询问法

日常生活中，状况询问用到的次数最多。例如，“你在哪里上班？”“你有哪些爱好？”等，这种提问方法称为状况询问法。销售人员对客户进行状况询问，例如，“您目前做哪些投资理财？”等。状况询问的目的是了解客户的真实情况。

2．问题询问法

问题询问法就是在你得到客户状况询问的回答后，为了探求客户的不平、不满、焦虑及抱怨而提出的问题，也就是探求客户潜在需求的询问。

房产销售往往提问：“你现在在哪里居住？”（状况询问）“火车站附近。”“是不是自己的房子”（状况询问）“是的，买了十来年了，为了工作方便。”“现在住的怎么样？是不是发现了不舒服的地方？”（问题询问）“嗯，现在那地方太吵了，马路上到处都挤满了人，走都走不动，实在不适合我们这种年龄的人居住。”通过上面这个简单的例子，我们可以看出，经由问题询问，能使销售人员探求出客户不满意的地方，知道客户有不满之处，销售人员就有机会挖掘客户的潜在需求。

3．暗示询问法

你发现客户的潜在需求后，可以用暗示的询问方法，提出对客户不平不满的解决方法，这种询问方法称为暗示询问法。例如：“火车站附近的地铁马上就要通车了，靠近森林公园，有绿地而空气又好的地方居住，您认为怎么样？”（暗示询问法）“早就想在这里居住了，只是一时下不了决心。”成功的销售人员必定能熟练地驾驭“状况询问法”“问题询问法”“暗示询问法”的技巧。销售人员若能熟练地交互使用以上三种询问方法，客户经过合理地引导和提醒，潜在需求将会不知不觉地从其口中“流”出。等客户说出潜在需求后，销售人员就可以自信坚定地展示自己的产品说明技巧，来证明自己能满足客户的需求了。

一般来说，客户并不是为了提高销售人员的业绩而购买产品，客户是因自身需要，为了解决当前所面临的问题而购买产品。销售人员当然要想尽办法卖出产品，但是客户若不能满足自己的需求，就不会购买。因此，推介产品前，销售人员必须搞清楚客户的需求。但搞清楚客户需求后也不要贸然地提出解决方案，必须先让客户自己对你敞开心扉，明确他的需求。运用这种技巧和策略你可以帮助客户通过深入有效的销售会谈满足自己的需求。

这也就是孙子兵法里的知己知彼，百战百胜的一种演绎吧。揣测、诱导顾客说出需要，然后对症下药，怎么能不药到病除呢。

在推销产品时，为什么有的销售人员很容易说服客户购买产品，而另一些销售人员却很难说服客户购买产品？这是因为前者常常锤炼提问艺术说服客户，后者则不然。

有经验的销售人员常常会锤炼提问的艺术，他们常常问的是“您需要多少？”“您喜欢这种式样还是那种式样？”“您喜欢这种颜色还是别的颜色？”等。他们问的问句都假定了客户已经决定购买了，这一假定就是包含在问句中的暗示，对这种暗示，客户很难觉察到它不是自己的选择。这就是销售人员提问的高明之处，说明他们用心锤炼提问的窍门了。

那么，如何锤炼提问的艺术呢？这需要你做到以下几个方面：

1. 语气要温和肯定

一般来说，销售人员说话的方式不同，客户的反应就不同。例如，“这位女士，您杀价这么狠，我们没法接受。”“这位女士，您的杀价远远超出我们的估计，有商量的余地吗？”后者的回答更能使谈话的气氛缓和，语气会直接影响客户的态度。

因此，销售人员在销售过程中，要多用肯定的语气与客户交谈，这样才能使客户对你所销售的产品产生更大的兴趣。你可以借鉴一些好的开头，比如，

“您想……”“您愿意……”等。总之，推销工作开始进行时，你应该集中谈论客户感兴趣的问题。

2．提问时切忌无的放矢

销售人员必须记住：向客户提问必须切中实际，不要无的放矢。也就是说，与客户沟通过程中的一言一行都必须紧紧围绕着特定的目标展开，对客户提问时同样要有目的地进行，千万不要漫无目的地脱离最根本的销售目标。

在向客户推销产品时，一定要带着目的性向客户提问，否则盲目的提问是毫无意义的。比如，有一位牧师问一位老者：“我可以在祈祷时吸烟吗？”他的请求自然遭到了坚决拒绝。另一位牧师又问同一位老者：“我可以在吸烟时祈祷吗？”他被允许了。后面牧师的提问意愿与前面牧师的提问意愿相同，为什么前面那位牧师遭到了拒绝，而后面那位牧师却获得了允许呢？因为前面那位牧师没有思考他提问的目的，而后者那位牧师很明确自己提问的目的，因此，他非常注意措辞，措辞一变，结果也随之发生改变。

3．不要向客户提出最后通牒

在销售过程中，有的销售人员往往要求在面谈中向客户提出这样的问题，比如，“您到底买不买呢？”“你会购买这种产品吗？”这些类似发出最后通牒的提问往往会使客户很反感。从另一个角度看，这种提问也违反了销售心理学的一条规则，即要避免提出一些容易遭到反对的问题。

以最后通牒形式询问客户的意见，只会招致否定的答复。比如，“我们再来谈一谈你要不要这个产品好吗？”这样的提问只能引起客户的反感，得到否定拒绝的答案：“不！不！我现在不想谈这个！”因此，为了摆脱销售人员一方的压力，客户会毫不留情地拒绝销售人员的建议。所以，在诱导客户购买产品的时候，销售人员千万不要提出最后通牒式的命令性问题。

正确的做法应该说我可以给你开票了吗？或者说你下定决心了吗？我认为你可以买，要不下单？你看他们都买了好几个，刚才前面那位女士买了绿颜色的，你喜欢什么颜色？要不要也买绿色的？

4. 提问时必须保持礼貌和谨慎

谨慎的提问等于获得了一半的智慧。虽然有效的提问对于同客户保持良性沟通具有很多好处，但是如果在提问过程中不讲究方式和方法，那不仅达不到预期的目的，恐怕还会引起客户的反感，从而造成与客户关系的恶化、甚至破裂。因此，在与客户展开沟通的过程中，销售人员对客户进行提问时必须保持礼貌，不要给客户留下不被尊重和不被关心的印象；同时还必须在提问之前谨慎思考，切忌漫无目的地信口开河。

一般来说，每个客户在说话时都不喜欢被鲁莽地打断，也不喜欢听带有某种企图的销售人员在那里喋喋不休地夸奖自己的产品。当销售人员以征求客户意见的礼貌方式和态度向他们提出友好而切中他们需求的问题时，客户就会逐渐放松对销售人员的警惕和抵触心理。当然，如果销售人员提问题不谨慎，提出的问题因为完全没有经过大脑考虑而显得愚蠢时，客户会更加恼怒，甚至会毫不犹豫地将销售人员赶出门外。总之，在销售的发展阶段，在利用提问说服客户时，锤炼提问艺术有利于把握客户的需求，有利于保持良好的客户关系，有利于销售人员掌控交谈进程，更有利于减少销售人员与客户之间的误会。因此，锤炼提问艺术对销售人员成功说服客户具有非常重要的作用。

销售人员锤炼提问艺术说服客户时，还应注意以下几点：

第一，从见到客户的第一时间起就要关注整体环境和客户所透露出来的重要信息，只有建立在最充分信息的基础上的提问，才更具有针对性。

第二，任何客户都不喜欢咄咄逼人的“审问”，销售人员向客户提问时一定要注意提问的态度和技巧。

第三，向客户提问时，一定要认真关注客户的需求，注意客户的喜好，不要令客户对你的问题感到难堪。

第四，初次与客户接触时，最好先从客户感兴趣的话题进行提问，不要直截了当地询问客户是否愿意购买，一定要注意循序渐进。

第五，应尽可能避免一些敏感性问题，若这些问题的答案确实对你很重要，那么不妨在提问之前换一种方式进行试探，等到确认客户不会产生反感时再进行提问。

销售上有一个说法，开发一个新客户的成本是保持一个老客户成本的27倍。要知道，老客户带来的生意远比你想象中的要多得多。我们非常注意和已成交的家长维持良好关系，这也给我们带来了丰厚的回报。其实做起来也很简单，只要认真地做好服务，在细节处关心家长，那么一些微不足道的举动，也会使家长感动万分。

无论做什么销售，首先研究透目标消费者的心理，并结合实际销售经验，摸索出一套销售技巧是非常重要的。下面我就结合幼儿园的招生来介绍教育培训机构的销售流程。

首先，招生主任一定要懂家长的心理："家长来挑幼儿园，其实他对理想中的幼儿园有其自己的想法和观念，问题是你能不能跟他刚好吻合而已，不是你把幼儿园推荐给了他，而是你刚好符合了他的教育理念。"

当一位家长走进你的幼儿园，你要迅速地和他建立信任关系。招生主任应做到：

（1）看起来像这个行业的专家。

（2）注意基本的商业礼仪。

（3）顾客见证（顾客来信、名单、留言）。

（4）名人见证（报纸杂志、专业媒体）。

（5）权威见证（荣誉证书）。

（6）问话（请教）。

（7）有效聆听几大技巧：

①态度诚恳，用心聆听。

②不打断，不打岔（在顾客说话时尽量不要中途打断）。

③不要发出声音（只点头、微笑即可）。

④重新确认，记住家长在意的两大要点。

⑤不明白追问（聆听总有不明白、不清楚的地方，及时追问）。

⑥停顿3～5秒（在开始说话时，略停顿3～5秒，一来可以使顾客喘口气，二来为自己整理一下思路）。

⑦点头微笑（在谈话过程中，不停地点头微笑）。

（8）赞美（是一切沟通的开始，是“俘获”人心，建立信任最有效的方法）。赞美要做到：①真诚发自内心；②闪光点（赞美顾客闪光点）；③具体（不能大范围，要具体到一点）；④间接（间接赞美效果会更大）；⑤第三者（通过赞美小孩、衣服等）；⑥及时。

赞美中有效地模仿会加强信任，因为人都比较容易对与自己相差不多的人产生信任。比如，家长说话语速很快，那你也就要加快语速，感觉让他找到了一个同频道的人。而如果你遇见了一个慢悠悠的家长，说话慢条斯理，你也要让自己慢下来，让他感觉找到了知音。

当你和他建立起初步的信任以后，你就要开始往成交上面引导。你最看重幼儿园的什么？环境？教学？还是伙食？你在意的是老师有没有爱心呢？还是在意玩具够不够多呢？在与家长的聊天中，你要去捕捉他们最在意的那一部分。记住成交不是你把东西卖给他们，而是你的产品刚好符合了他们的需求。假如家长很在意环境，你那高大上的装修就能令他满意。假如家长很在意伙食，您给他看的朋友圈的每周食谱就能打消他的疑虑。

当家长还有顾虑的时候，你要帮助他下定决心。家长的顾虑往往是幼儿园的收费和服务是不是匹配？他会爱我的孩子吗？他会对我的孩子好吗？

我们按照不同类型的家长用不同的沟通技巧去说服他。

家庭型：思想保守，热衷于稳定生活，大多以主妇、老人为主，他们害怕改变，你只要中规中矩地介绍你的幼儿园就可以。

模仿型：这类人对他人的肯定和认同特别在意，喜欢模仿名人、大人物、大多数以 30 岁左右为主。这类家长如果他身边有个人带头，他就会模仿跟进。这时候转介绍或者团报就能起到很好的效果。

成功型：喜欢与众不同，凡事都追求最好和卓越，以高级白领和拥有自己事业成功的人为主。这样的家长追求创新和高品质，你要有一个点，要么是环境，要么是教学，总要有一个点能够打动他。

生存型：追求实惠和实际，以便宜和省钱为导向。你可以赠送个书包等礼物，或者用返券的方式就能促使他下单。

当家长依然有顾虑的时候，先认同，再反问，认同不是赞同。动作上时刻保持点头，微笑。多多肯定家长引起和他的共鸣。肯定认同的技巧有：①您说得很有道理；②我理解您的心情；③我了解您的意思；④感谢您的建议；⑤我认同您的观点；⑥您这个问题问得很好。

慢慢地当家长认可你的时候，他会觉得找到了知音，他找到了他要寻找的东西，于是他就会把他的孩子交给你，销售完成，成交。

又有什么产品能比得上人更珍贵呢？假如我们都能让家长把孩子交给我们，用这样的方法去销售，你还愁卖不出产品吗？

销售核心沟通技巧

我们所要面对的是各种各样的消费者，我们需要做的是使消费者能够很好地理解我们的产品，加强对我们产品的印象，促成销售。

利用编故事或潜意识的暗示能很好地把消费者引入我们的话题，把客户带入到我们的情境中。同时尽量让顾客参与到我们的销售互动中。销售是一个互动的过程，并不是一个人表演的舞台，做好互动是增加我们产品信服力的最好途径。

赞美顾客可以使客人虚荣心上升，给客人以好感。当顾客头脑发热，就很容易冲动购买，更有机会销售成功。例如，用感人的语言使顾客下定决心，如“您家人也一定会喜欢的！”

消费者在购买产品时讨价还价的原因主要有：一是对价格有异议；二是追求成就感。我们应对策略首先是自信，突出品牌力，建立不容置疑的诚信感。其次需要对消费者适度的恭维与夸奖，使消费者获得某种程度的满足感。最后用执着触动消费者的怜悯心。

销售技巧需要讲究效率，在产品解说到一定过程的时候要促单，顾客在犹豫不决的情况下我们要帮助他做决定。特别是面对多个消费者在商量到底需不需要购买的情况下，需要帮助顾客做决定，然后促单。

作为终端销售人员要对竞争对手的产品了解透彻，只有这样才能更好地解说我们的产品。同时，销售的过程中，尽量把我们的产品质量、功能、性能与第一品牌靠近，拉近我们与第一品牌的距离。这一点尤为关键，当顾客觉得你是大品牌而又有实惠的价格的时候，非常容易成交。

在终端销售的过程中，我们要观察对手的卖点，并能对他的卖点进行一系列有力的打击。在实际的销售过程中，我们也要学会利用比喻的手法，把我们想要表达的东西用一个简单的比喻介绍给顾客，加深顾客的认识。

我们写议论文需要论据，做数学证明题同样也需要“因为……所以……”。同理，我们在实际的销售过程中，要学会利用一些报纸、杂志、评论、评测等对我们有利的一面来作为销售过程中有力的论据。在我们做幼儿园招生时，可以引用一些教育家的理论来做一些说服。比如，我们集团下面有的幼儿园是蒙特梭利幼儿园。我们就会引用意大利教育学家蒙特梭利说过的话：“母亲和幼教老师所产生的爱，近乎于神。”因此我们幼儿园最大的特点就是老师非常有爱心。而蒙特梭利又说过：“儿童通过自立获得身体的独立；通过自由地使用其选择能力获得意志上的独立；通过没有干扰的独立工作获得思想上的独立。”因此，我们幼儿园的第二个特点就是培养孩子的独立性。

一次成功的销售其实就是一次说服的过程，而需要说服一个客户，不但需要有耐心的态度、热情的服务、职业的形象，同时还需要有专业的产品知识和极强的知识应变能力，而现实中前面两种条件都比较容易达到，因为专业的形象可以通过标准的制作来执行，而专业的产品知识也可以通过产品的培训来实现，而难度最大的就是拥有极强的应变能力。

我们来看看下面几种常见的客户问题，我们应该如何来应变？

第一类客户类型：顾客说“我要考虑一下”。客户说这个话包含三种意思：①客户对你的产品还不是很了解，需要回去验证或者查询一下；②客户想买，但是可能客户没有带钱或者预算不够；③客户根本没有意向，找个借口走掉。

对策：今天最低价，今天最后一天。针对第一类客户我们可以通过问题询问的方式，了解他的真实顾虑是什么。而第二类和三类客户我们建议可以采用最后机会成交法来试探客户的真实意图，用今天最低价，今天最后一天的方式来试探客户下单成交的意愿。

第二类客户类型：顾客说“太贵了”。首先我们需要分析客户说贵的真实原因，之后再对症下药。客户说贵一般包含以下五种意思：①客户习惯性随口说说；②客户确实觉得这个价格贵了，超出他们的预算了；③客户因为有之前的参照物，所以他觉得贵了；④客户不了解我们的产品，不知道是否值这么多钱；⑤客户确实想购买产品，希望获得更多的权益。

对策：各个击破，见招拆招。针对随口说说的客户，我们可以不需要去理会他关于价格方面的抱怨，只需要轻轻赞美他，先生 / 女士你眼光真好，看上的是我们最近卖得最火的产品。

第三类型客户：顾客说“别的地方更便宜”。用户的出发点可以从以下几方面分析：①客户准备购买，用这个话来压价格、谈条件；②客户确实看到其他地方比我们的便宜，心中有顾虑，怕买贵了。

对策：①采用痛点营销沟通技巧：不说自己的优势，转向客观公正地说别的地方的弱势，并反复不停地说，摧毁顾客心理防线。如我从未发现：哪家公司可以以最低的价格提供最高品质的产品，又提供最优的售后服务。我亲戚或朋友上周在他们那里买了，没用几天就坏了，又没有人进行维修，找过去态度还不好。

②提醒顾客现在假货泛滥，不要贪图便宜而得不偿失。例如，为了您的幸福，品质和价格两方面您会选哪一项呢？你愿意牺牲产品的品质只求便宜吗？如果买了假货怎么办？你愿意不要我们公司良好的售后服务吗？先生，有时候我们多投资一点来获得我们真正要的产品，这也是很值得的，您说对吗？

掌握了这些基本的销售谈话技巧，如果还能记住以下这些不该说的话，那你往往就能够旗开得胜了。

销售谈话技巧中最不该说的话，大多数销售人员的特点都是说得比顾客多，特别遇到不爱说的顾客时，为了打破尴尬的沉默局面，很多店员都比顾客说得多，而且只要顾客不说话她就坚持说下去，很少有销售人员在面对沉默顾客时会冷静地想一想顾客为什么会沉默。在销售过程中，我们应该采取隐喻的方式来影响顾客，在和顾客沟通的过程中，没有用的话最好不说，顾客反感的话坚决不能说。

我们看看很多销售员长期以来一直在说的几句错话：

错话一，一分钱一分货

这是很多销售人员面对顾客价格异议的时候自然的一句回应，这句话的潜台词就是顾客其实并不了解我们的产品，顾客并不识货。我们很多人也去买过东西，当销售人员跟我们说这句话时内心是什么感觉，是不是有一种被藐视的感觉。而且，一分钱一分货会让你的产品根本卖不上价，你在用产品质量证明你的价格，但是顾客的购买除了产品的使用价值还包括情感价值、销售关系和客户服务等因素。

错话二，好贵好贵，因为好所以才贵

当有顾客说“你们的东西好贵啊”。有些销售人员马上跟话说“好贵好贵，因为好所以才贵”。这样的回答方式我觉得只能出现在一些销售的培训书上，真正用在销售的现场是比较尴尬的，谁告诉您说因为好所以才贵呢，有没有好东西价格也很便宜的呢，而且顾客会因为贵才购买吗？每次我听到有销售人员这样跟我说时，我就很反感，往往会提高警惕。正确的说法应该和客户说："产品的性价比值这个价。"

错误三，我们是中国第一

我最讨厌的一个字就是"最"，很多销售人员在介绍产品的过程中经常会告诉顾客"我们的产品质量最好""我们的性价比最高"，这样的说法大有王婆卖瓜，自卖自夸的嫌疑，同时也显得不够自信，"响鼓不用重锤"，与其自己说东西好是第一，不如给顾客说说行业数据，用专业来证明你比别人好会更有说服力。

错误四，我们家的产品是有折扣的

有些顾客会直接向销售人员询问价格，当销售员报价以后，顾客不做任何回应或者顾客故意回应的特别激烈太贵了的时候，销售人员马上就会跟上一句"我们的产品有折扣，全场八折。"请问顾客对你的产品认可吗，他了解你的产品价格构成吗，当你说出折扣的时候，其实你是在赶走高端顾客。

错误五，您真有眼光

销售技巧最怕的就是被顾客识破。这就好像两个武林高手对决，别人还未出招你一下子来了个蹲马步，不乐死对方才怪，你就是一个小菜鸟。不管顾客看什么产品，走到哪里，我们的销售人员都是一句"您真有眼光"，最终的结果只能是让顾客感觉你很虚伪，为了拿到订单什么样的瞎话、恭维话、客套话都说，因为顾客只是出于好奇心在某款产品面前多逗留了一下，他根本没想买。

在客户畅谈时，销售就会取得进展，因此，客户说话时，不要去打断他，自己说话时要允许客户打断你，销售是一种沉默的艺术。

对与公司有关的资料、说明书、广告等，必须努力研讨、熟记。同时要收集竞争对手的广告、宣传资料、说明书等加以研讨、分析，以便做到知己知彼，采取相应的对策。

销售就是一个博弈的过程，更是一个获取信任的过程。客户之所以从你的手中购买产品，是因为他们喜欢你、信任你、尊重你。因此，销售首先是销售自己。

第九章

创业者必知的法律知识

吃透《劳动合同法》

我曾经吃过对《劳动合同法》不熟的亏，让员工钻了空子坑了我好几万块钱。我们每个创业者都要认认真真地琢磨研究劳动合同法，用来保护自己。也有的用人单位混淆了劳务合同法与劳动合同，或者劳动合同粗制滥造，无法保护用人单位的合法权益。

其实并非所有员工都需要签订劳动合同，也并非所有员工都适合签订同一种类型的劳动合同。用人单位应当根据工作岗位、工作期限、工作形式、员工特点等因素，对员工做出分类，并实施分类管理。与退休返聘人员，应签订劳务用工协议；与在校学生，应签订实习协议；针对临时性岗位，可签订非全日制劳动合同；对高级管理人员、高级技术人员可签订年薪制劳动合同等。

《中华人民共和国劳动合同法》（以下简称《劳动合同法》）规定了三种类型的合同期限：固定期限、无固定期限和以完成一定工作任务为期限。实务中大多数用人单位对员工采用一视同仁的态度，不加区分采用同一种劳动合同期限，导致用工管理成本的无端增加。

与普通员工第一次签订的劳动合同一般采用固定期限，为期三年，试用期六个月；对项目类员工，如建筑项目、科研项目等，可采用完成一定工作任务为期限，对高级技术型或者高级管理型员工，可采用无固定期限，建立长期合作契约关系，从而增强员工的忠诚度和用人单位对核心人才的吸引力。

面对瞬息万变的市场，用人单位通常会制定具有激励性的薪酬考核体系，而无论是用人单位规章制度中有关劳动报酬的条款，还是劳动合同中双方对劳动报酬的约定，都无疑是双方关注的焦点，对于用人单位而言，应特别注意法律对及时足额支付劳动报酬的强制性规定。

用人单位应建立多元化工资结构，如基本工资＋绩效工资＋福利＋年终奖。基本工资可按岗位确定；绩效工资可按月 / 季度 / 半年分次发放；福利作为用人单位自主确定项目，可与员工在本单位的工作年限、职级等挂钩；年终奖可与用人单位年度效益相结合。此举既可降低短期支付项目，加重长期支付项目，还能降低社保缴费基数，并在一定程度上具有稳定员工队伍，增强员工忠诚度的作用。

用人单位可依据《工资支付暂行规定》第十六条：“因劳动者本人原因给用人单位造成经济损失的，用人单位可按照劳动合同的约定要求其赔偿经济损失”，与员工在劳动合同中约定赔偿金条款。例如，对于员工擅自离职造成的损失，通过损失计算条款约定员工的赔付金额，以此作为用人单位追究员工赔偿责任的依据。我的好几名员工曾经给企业带来了巨大的损失，但是因为自己不善于利用劳动合同法，没有和他们在劳动合同中规定赔偿的事由和金额，你没办法向他们申请赔偿。员工辞职走了，我这个老板得独自承担巨大的损失。我没办法和别人说，我是哑巴吃黄连，我只恨自己，为什么不好好地把《劳动合同法》背下来呢？

有一次我的园长忘记和老师签订劳动合同了，导致支付了这名老师双倍的工资。这名老师故意不提醒她的园长，然后找了劳动仲裁，我们用人单位只能乖乖地赔钱。《劳动合同法》第八十二条规定：“用人单位自用工之日起超过一个月不满一年未与劳动者订立书面劳动合同的，应当向劳动者每月支付二倍的工资。”所以我们千万要记住，一个月内一定要和你的员工签订劳动合同。

还有一次吃亏是两名员工不愿意交社保，觉得自己要承担一部分会导致工资低了。我和她们签订了自愿放弃交社保的约定合同以后，就把社保费用打到她们的工资里，觉得就没事了。我们也确实相安无事地相处了两年，可是两年以后她们就去找了劳动仲裁告发了我们。她们要求我们公司补缴社保，解除劳动合同并获得相应的补偿金。

我赶紧去查找法律法规。员工签订自愿放弃购买社会保险承认书有用吗？法律法规写得清清楚楚。

缴纳社会保险是用人单位的责任，放弃的约定违反法律规定，是无效的。

《中华人民共和国社会保险法》第八十四条规定：用人单位不办理社会保险登记的，由社会保险行政部门责令限期改正；逾期不改正的，对用人单位处应缴社会保险费数额一倍以上三倍以下的罚款，对其直接负责的主管人员和其他直接责任人员处五百元以上三千元以下的罚款。

第八十六条：用人单位未按时足额缴纳社会保险费的，由社会保险费征收机构责令限期缴纳或者补足，并自欠缴之日起，按日加收万分之五的滞纳金；逾期仍不缴纳的，由有关行政部门处欠缴数额一倍以上三倍以下的罚款。

我又无奈地看了看《劳动合同法》。根据我国《劳动合同法》第三十八条的规定，用人单位未依法为劳动者缴纳社会保险的，劳动者可以解除劳动合同，用人单位需根据本法第四十六条的规定支付经济补偿金；经济补偿按劳动者在本单位工作的年限，每满一年支付一个月工资的标准向劳动者支付。六个月以上不满一年的，按一年计算；不满六个月的，向劳动者支付半个月工资的经济补偿。

劳动仲裁下来，补交社保加赔偿我支付了6万多元。望着这6万多元的账单，您只能唉声长叹，谁让你相信员工不用交社保呢？法律并不保护你，给你的员工交社保是你应尽的义务！

我的朋友告诉我，你因为不懂劳动法只赔了6万多元，他更惨了，他因为不懂劳动法赔了10多万元。

他的一个员工在上班的时候从二楼跳了下来，这就是工伤。当时他并没有保险的意识，没有给老师交校园意外险。当医疗鉴定结果为轻伤的时候，我的朋友赔了这名老师10多万元。这名老师的腰骨被摔断了，并留下了后遗症。

我们创业者要对我们的员工做好安全教育，因为你知道吗？员工在上班的路上和下班路上发生的交通事故，也算工伤。

当一个员工要走上劳动仲裁来告你的时候，事实上你是很失败的。在我们平时用人的时候，对于那些自私的，心术不正的人要及早地去发现和规避。而在你决定创业的那一刻，你就要熟读《劳动合同法》。

企业的成本不小，你真的做好准备了吗？

绕不过去的房东

事实上当我们注册公司的时候，就已经要去租房子了，几乎每一个创业的人都会绕不过去房东。

我见识过形形色色的房东。最好说话的房东依然是国企或者大公司大企业。凡是我租用国家的物业或者国企的物业。你就规规矩矩地遵守合同就好了，没有人会去违约。

最难说话的还是私人房东。

40岁的朱总是我的房东，他自己也在做着生意，每年收入有好几百万元。但是就是这样的一个房东，我和他签约的合同他依然不愿意遵守。当时我和他签约了10年的房租，房租为每年100万元，每过三年递增5%。签好合同我就放心地花了300万元装修了这家幼儿园。哪知道三年过去，他来跟我说："我的房租要涨价了，您看周边的房租都涨了，所以我也要涨50万元。"我很吃惊，有合同为什么可以擅自涨价呢？幼儿园本身还没有盈利，房租一涨价就会更加亏损。“你疯了吗？朱总。你怎么可以这么过分呢？”我愤怒地质问：“我们明明有合同，你怎么可以这样？如果你要涨房租，我们法院见。”

“这是我的房子，我爱租多少就是多少。合同有个屁用啊，那个合同我不认了。”

“行，如果你非得要涨50万元的话，我也没法做了，那你赔我500万元。”

我们就这样大吵了半天谁也不肯让步。第二天我的老师告诉我房东来锁门，不让孩子进幼儿园。我让老师立马报警，可是等警察走了以后，他把车停到幼儿园的门口堵着门，就是赖着不走。并且在幼儿园门口大声地叫骂，说我们的幼儿园的饭菜有毒。

我没有继续和他做过多撕扯，我相信这是一个法治的社会。国家会保护我，法律会保护我。

一年过去了，我万万没有想到2020年的春节是在足不出户的寂静中度过的。

江浙从立春起一直下雨，从来没有消停过。花都给打蔫了，梅花已经开了大半，湿淋淋地立在路边哭泣。小楼一夜听春雨，深巷明朝卖杏花。捡几十粒温润的珍珠，再翻出久藏的景泰蓝翠蓝小莲花，就着雨水，滴滴答答，分不清是雨水还是我的泪。绕不过去的何止是房东？

这是雨水时节，是黄山谷“桃李春风一杯酒”的夜雨，是陆放翁“世味年来薄似纱”的春雨。

股权的“坑”

公司早期股权结构不合理，在后期的运营过程中，便会麻烦不断，纠纷不断。合伙人股权利益分配关乎到人性的贪嗔痴。在过去，创始人一人包打天下，百分之百控股公司是常态，不需要股权设计。而现在，我们步入合伙创业时代，寻找和选择合伙人是非常重要的一步。

有人学着《中国合伙人》的口吻说，千万别和最好的朋友合伙开公司。在你从苦难通往强大、但尚未变强、还可能永远没法强大的路上，除了你的老同学、老同事、老乡甚至老婆、老妈……还有其他人愿意追随你吗？好朋友不能合伙创业，难道陌生人就能合伙创业？新东方“三驾马车”、腾讯“五虎将”、阿里“十八罗汉”……哪家不是好朋友合伙创业？

有创业能力，有创业心态，经过磨合，可以作为合伙人。人与人之间长期共事，既要有软的交情，又要有硬的利益。

我很遗憾没有找到这样的好朋友和我一起创业。从大学开始，我一直都是独自一人打拼。直到 2015 年以后，我发现我一个人已经带不动团队了。我既要管教学、管运营，又要拓展市场，分身乏术。于是我慢慢地在寻找可以帮我寻找场地、开拓市场的股东。前面两个股东合作得还算愉快。

2017 年，我的表弟介绍我认识了杭州的两个股东。我负责教学和运营，他们两人负责开拓市场，寻找场地。我们注册了公司并签订了合同。合同规定我占 60% 的股份，他们两人占 40%。合同也规定，三个股东，任何一个人私自在杭州开幼儿园都要无条件退出这家幼儿园的所有股份，并赔偿给对方 100 万元。当幼儿园走上正轨的时候，这两个股东逼着我让出了 5% 的股份。我满脸的委屈，但是一想到和气生财，我就忍下来了，想着只要大家好好地相处，我就吃亏点吧。

历经波折，我勇敢地拿回了属于我的那 5% 的股份。我也告诉他们："请不要玷污姐姐这两个字，你们不配叫我姐姐。"如今我牢牢地掌握着这家幼儿园的经营权。中国是个法治社会，还想再欺负我，那就来吧！我可以退让。但我始终相信吃亏是福。

选择股东就是考验人性，而你真正地看清了面目，找好了合伙人了吗？

当你选好了人，接下来就是股权设计。我的经历告诉我，你是大股东，小股东也会来欺骗你。但是，毕竟大股东有经营权，你不至于被小股东害死，所以能尽量地控股，你就控股吧！

一种是绝对控股：创始人持有公司 67% 的股权，合伙人 18%，员工期权 15%。在公司章程没有特别约定的情况下，你就是绝对的老大。因为《公司法》规定大多数公司的决策按照出资比例投票即少数服从多数，这里面不包括公司章程有特别约定的，但是一些重大的事情是需要超过 2/3 表决权的，修改公司章程、增加或减少注册资本，合并、分立及解散，67% 刚好超过 2/3，所以持股 67% 是绝对的老大。

另一种控股方式是创始人 51%，合伙人 32%，期权 17% 的股权，就是公司大多数事都是可以拍板的，但唯独上面的修改公司章程、增加或减少注册资本，合并、分立及解散，如果没有其他小股东同意决策不了。所以这种模式可以将期权池的股权由创始人代持，释放期权时只释放分红权而不释放表决权。

还有一种是创始人 34%，合伙人 51%，期权 15%。这种情况下创始人虽然不能拍板，但是有搅和权。创始人拥有重大事项的一票否决权，没有决定权。有时这对创始人来说是一种无奈的选择，创始人比较缺钱，联合创始人或者投资人比较强势，所以创始人只能保留一票否决权。

除了以上三种外，其他的股权模式都是对创始人很不利的。

俗话说，“请神容易送神难”，创业企业在早期发放股权时应该慎重，这三类不易持有股权或者说不宜过多持有股权：

（1）资源承诺者。很多创业者在创业初期需要借助很多资源发展企业，这时最容易给资源承诺者许诺过多股权，把资源承诺者作为合伙人。创业公司的价值需要整个创业团队长期投入时间和精力去实现，因此对于只是承诺投入资源，但不全职参与创业的人，建议优先考虑项目提成，而不是考虑股权绑定。

（2）兼职人员。对于技术大牛，但不全职参与创业的兼职人员，最好按照公司外部顾问标准发放少量股权。如果一个人不全职投入公司的工作就不能算是创始人。任何一边干着其他的全职工作一边帮公司干活的人，只能拿工资，最好不要给股份。

（3）早期普通员工。给早期普通员工发放股权，一方面，公司股权激励成本很高；另一方面，激励效果很有限。在公司早期，给单个员工发 5% 的股权，对员工很可能都起不到激励效果，甚至认为公司是在忽悠、画大饼，起到负面激励的作用。但是，如果公司在中后期（B 轮融资后）给员工发放激励股权，很可能 5% 股权解决 500 人的激励问题，且激励效果特别好。

徐小平说：“人生最悲哀的事情，是年轻的时候不懂爱情，创业的时候不懂股权。”

财务管理

作为一个创业者，左手人事，右手财物。财务简单地讲就是“钱”。“财务管理”就是“管理好钱”。“如何赚钱”“如何用钱”和“管理好钱”是创业者面临的三大问题。

一个创业者想要成功，只有熟知每一个数字背后的真正意义，才能做出正确的决定。一个投资者要想盈利，只有找出企业的核心价值，才能发现真正值得投资的优质企业。

财务报表是企业根据会计准则、会计制度的规定，对企业已经发生的交易或事项进行确认、计量、分类、加工、处理后编制的用于说明企业财务状况和经营成果的总结性书面文件。

财务报表主要包括资产负债表、损益表（利润表）、现金流量表。

（1）资产负债表。资产负债表含义：是一张反映公司在某一特定时点资本来源和资本使用状况的报表。编表会计等式：资产 = 负债 + 所有者权益。

（2）损益表。损益表含义：反映公司在过去一段时间内销售收入、成本和盈利关系的报表。编表会计等式：收入－费用＝利润。损益表提供的信息反映公司获利情况、反映公司利润的构成、反映税金缴纳情况、预测公司未来发展趋势。

（3）现金流量表。现金流量表含义：提供企业在某一特定期间内有关现金及现金等价物的流入和流出的信息。编表会计等式：资产＝负债＋所有者权益。

我曾经因为财务问题辞退过一个高管。有了制度没有监督，一切都是空的。他在财务问题上犯过错误，虽然他能力很强，我只好辞退了他。事实上我内心非常心痛，如此有才华的人，却因为一个小小的失误而误入歧途，只好忍痛割爱。

当我的高管对我说对不起，我一定会改正，请你原谅我时。事实上我彻夜无眠，因为心疼他的才华，舍不得他而流泪。屋里的空调很暖和，我却浑身冰冷。因为失望，因为心疼，也因为我必须要放弃！第二天当我面对他的时候，我只能无奈地对他说："我已经给了你三次机会，事不过三，我只能放弃你。更何况你所贪污的钱我都可以把你送进监狱了。"

属于你的，你大胆地去拿。不是你的，就不是你的，这是道德底线，更是法律的底线。作为公司的法人，你不能突破这个底线，否则蛀虫会把你的公司蛀垮。

纳税基本知识

纳税是每一个公民应尽的义务，也是每一个企业应尽的义务。对于一家刚创办的公司来说，纳税主要是个人所得税和企业所得税。

2018年8月31日，修改个人所得税法的决定通过，基本减除费用标准调至每月5 000元，2018年10月1日起实施。

工资薪金、劳务报酬、稿酬和特许权使用费等四项劳动性所得首次实行综合征税；首次增加子女教育支出、继续教育支出、大病医疗支出、住房贷款利息和住房租金、赡养老人等专项附加扣除；优化调整税率结构，扩大较低档税率级距。

个人所得税根据不同的征税项目，分别规定了三种不同的税率：

（1）综合所得（工资、薪金所得，劳务报酬所得，稿酬所得，特许权使用费所得），适用7级超额累进税率，按月应纳税所得额计算征税。该税率按个人月工资、薪金应税所得额划分级距，最高一级为45%，最低一级为3%，共 7 级。

（2）经营所得适用 5 级超额累进税率。适用按年计算、分月预缴税款的个体工商户的生产、经营所得和对企事业单位的承包经营、承租经营的全年应纳税所得额划分级距，最低一级为 5%，最高一级为 35%，共 5 级。

（3）比例税率。对个人的利息、股息、红利所得，财产租赁所得，财产转让所得，偶然所得和其他所得，按次计算征收个人所得税，适用 20% 的比例税率。

第一种综合所得税大家都很了解。在我们创办企业的时候往往会忽略了第二种，经营所得最少要交 5% 的税和第三种分红所得需要交 20% 的税。

当你交了个人所得税以后，在经营企业的过程中，别忘了还有一种更重要的需要缴纳的税——企业所得税。

在中华人民共和国境内，企业和其他取得收入的组织（以下统称企业）为企业所得税的纳税人。企业所得税的纳税人包括各类企业、事业单位、社会团体、民办非企业单位和从事经营活动的其他组织。个人独资企业、合伙企业不属于企业所得税纳税义务人。

企业应纳所得税额 = 当期应纳税所得额 × 适用税率。（应纳税总额，可以简单地理解为年利润）。应纳税所得额 = 收入总额 - 准予扣除项目金额。根据《中华人民共和国企业所得税暂行条例》的规定，2008 年新的《中华人民共和国所得税法》，规定一般企业所得税的税率为 25%。符合条件的小型微利企业，减按 20% 的税率征收企业所得税。小型微利企业是指从事国家非限制和禁止行业，且同时符合年度应纳税所得额不超过 300 万元、从业人数不超过 300 人、资产总额不超过 5 000 万元三个条件的企业。

应纳税所得额不超过 100 万元部分，2019 年开始，年应纳税所得不超过

100 万元的部分，按 25% 计入应纳税所得额，实际税负减按 5% 来计算。举例：应纳税所得税 95 万元。应纳企业所得税：95×25%×20%=4.75（万元）。简化计算：95×5%=4.75（万元）。

应纳税所得额 100 万元～ 300 万元部分，2019 年开始，年应纳税所得不超过 100 万元～ 300 万元的部分，按 50% 计入应纳税所得额，实际税负减按 10% 来计算。举例：应纳税所得额 280 万元。

（1）应纳税所得额 100 万元部分：100×25%×20%=5（万元）。

（2）应纳税所得额 100 万元～ 300 万元部分：180×50%×20%=18（万元）。

（3）最终应纳企业所得税：5 万元 +18 万元 =23（万元）。

简化计算：100×5%+180×10%=23（万元）。2019 年企业所得税新税率，从 2019 年 1 月 1 日实行，暂定为三年。

2019 年我一所亏损的幼儿园被罚交了 65 000 元的税。而“罚交”的原因我觉得很委屈，因为我们的会计把账做错了。会计把幼儿园 100 多万元的装修的费用没有算上，导致幼儿园有盈利 65 万元。税务局收了我 10% 的税。等我好好去学习了企业所得税发现只需要交 5% 的时候，我钱都已经交过了，而税务局也说不能再退了。

会计犯了错误他立马离职了。企业得承担所有的损失。谁让我不好好地学习企业所得税呢？最后所有的损失只能我自己承担。

总而言之，我们国家对于企业利润的征税方式主要如下：企业利润征收 25% 的企业所得税，根据利润扣除所得税后的金额，作为分红收益，收取 20% 的个人所得税。

举个例子，一个企业实现了一年 100 万元的利润，其应交企业所得税为

25 万元，剩余的 75 万元需要在分红时缴纳 15 万元个人所得税，所以对于企业的股东而言，从利润到最终的利润分取，一共缴纳了 40% 的税金。所以，当你在年底有结余 100 万元时，千万不要以为那个 100 万元都是你们自己的，事实上你可以真正分给股东的只有 60 万元。

《中华人民共和国税收征收管理法》第六十三条规定：纳税人伪造、变造、隐匿、擅自销毁账簿、记账凭证，或者在账簿上多列支出或者不列、少列收入，或者经税务机关通知申报而拒不申报或者进行虚假的纳税申报，不缴或者少缴应纳税款的，是偷税。

漏税是指因客观原因未缴或少缴税款的行为，主观上不是出于逃避税收的故意、客观上未采取弄虚作假的手段，但结果是未缴或少缴税款。

偷税漏税要负法律责任。

偷税：违法。只要是因为纳税人的原因少缴税款，不论主观客观，一律视为偷税！

后果：

经济责任：补税滞纳金罚款（使纳税成本成倍增加：偷税数额不满 1 万元或偷税数额占应纳税额不到 10%，税务机关追缴偷税款、并处偷税额 5 倍以下罚款）。

行政责任：提请工商部门吊销营业执照，采取税收保全和强制执行。

刑事责任：偷税数额占应纳税额 10% 以上并且偷税数额在 1 万元以上，或因偷税被税务机关给予 2 次行政处罚又偷税的，处 3 年以下有期徒刑或拘役，并处偷税数额 1 倍以上 5 倍以下罚金；偷税数额占应纳税额 30% 以上并且偷税数额在 10 万元以上，处 3 年以上 7 年以下有期徒刑，并处偷税数额 1 倍以上 5 倍以下罚金。

此外，单位是个人所得税的代扣代缴义务人，如未代扣代缴，被查出后个人所得税将由单位承担。

漏税：只有因为税务机关的过失而使纳税人少缴税款才叫漏税。后果：补缴税款（税务机关 3 年内可以追征；特殊情况追征期可延长到 10 年；偷骗税无限期追征）补税时可争取分期，但要注意对现金流的冲击。不交滞纳金、不罚款（不会使纳税成本成倍增加）。

在以前公司的股东抽逃注册资金也是触犯法律的，如今可以把公司的注册资金分为 10 年，20 年，甚至 30 年再全部缴清，已经没有这个法律风险。

你唯一的风险就是没有依法纳税。偷税漏税导致自己不但没有过上更好的生活而触犯了法律。

那又何苦呢？

第十章

你不理财，财不理你

基金里的门道

创业者除了要学会用体力、脑力创业以外，还要学会投资，学会用钱生钱，把自己从繁忙的劳动中解放出来。学会投资是另一种创业，甚至是一种轻松的创业。简单地说就是要学会躺着赚钱。

投资有很多种方式，最稳妥、风险最小的除了阿里巴巴的余额宝，年化收益大概是 1.7%。腾讯微信的零钱通，年化收益大概是 1.95%。比这收益更高又很稳健的，我觉得还是基金。

首先了解一下什么是基金，通俗点说，基金就是把众多投资人的资金汇集起来、由基金托管人托管、通过投资股票、债券等获取收益。基金通常有两种划分方式：按是否可赎回划分可分为开放式基金和封闭式基金，按投资对象划分又可分为货币型基金、债券型基金、股票型基金以及混合型基金。

为什么基金更适合普通人投资呢？

（1）投资基金可以为你节省很多时间，用于努力工作，赚取更多投资本金，同时能够多陪伴家人。

（2）投资基金可以发挥专业人士的作用。基金实行专家管理制度，这些专业管理人员都经过专门训练，具有丰富的证券投资和其他项目投资方面的经验。

（3）投资基金可以分散投资风险。通过科学的投资组合降低风险、提高收益，是基金的另一大优点。

（4）投资基金可以享受投资的规模效益。基金汇集众多小投资者的资金，形成一定规模的大额资金，在参与证券投资时能享有规模效益。

第一次买基金，买什么基金更合适呢？你可以从基金中风险最低的货币基金开始。货币型基金只投资于货币市场，如短期国债、回购、央行票据、银行存款等，风险基本没有。它每天计算收益，收益较一年定期存款略高，利息免税。货币型基金本金比较安全，预期年收益率为 3.9%，而银行一年的定期利率仅有 1.5% 左右。打开各大银行的 App，里面就有基金专门的通道。好好地选择几年期就可以了。

该用多少钱买基金？买什么？有个算法来估算你应该把多少资产用于投资，把多少用于保守的储蓄。这个算法很简单，就是你的年龄。如果你 30 岁，你应该至少在储蓄上投入 30% 的资产，各种投资不超过 70%。如果你 40 岁，那储蓄 40%，投资 60%。如果 60 岁，储蓄 60%，投资 40%。也就是说年龄越大越应该保守。

方法虽然简单，但也明确了一个很重要的投资理念：“无论如何，不要把所有钱都拿来投资。”国画里讲究留白，投资也是一样。我们需要适当控制一下自己“all in”的冲动。

任何投资都是有风险的，尤其是股票型基金。投资基金的风险在哪里呢？

当你真正开始思考投资基金的风险的时候，你离掌握基金投资也就越来越近了。

市场始终存在系统性风险，涨跌是常态。曾经有一句话让我印象深刻：如果知道经济是有周期的，那破产的人还会自杀吗？

如果你的投资期只有 5 ～ 10 年，例如你已经 50 多岁，那你一定要选择更稳健的投资方式，就算你心理素质很好，你也不能把所有的资产都投资到股票基金里面，必须持有一定比例的债券基金。

如果你计划在 3 ～ 5 年后买房子，债券基金可能就是你的重点，至少债券和股票基金分别占一半。

如果再短的投资期，恐怕就要选择低风险的债券基金甚至是货币基金。这样你的风险很低甚至没有，也就基本能保证在你投资期结束的时候你不会亏本。

投资股票型基金时千万不要梦想低买高卖，熊市抄底，牛市逃顶，这事专业的投资高手也未必能做到。要选对买入时机非常难，就是专业投资者也选不准，业余投资者最好的选时办法就是根本不选时，干脆什么时候都买，就是分期分批陆续买入。银行和基金行业发明了一个超级简单的分期买入方法，就是基金定投。定投是定期、定额买入的简称。就是你和银行签订一个自动扣款协议，绑定一张银行卡，跟让银行每月代扣水电费差不多，选定一个扣款的固定日期，也选定购买基金的固定金额，一到这一天，银行就会按照协议从你卡里扣掉约定的金额买入你指定的基金。为了稳妥起见，我建议定投至少 3 年，最好 5 年。基金定投最大的好处就是让投资者从情绪中解脱出来。

基金配置最好既有投资国内市场的基金，也有投资海外市场的基金。这类投资境外市场的基金，称为 QDII 基金。投资 QDII 基金的好处主要有：实现资产全球化配置。例如，过去十来年，美股不断上涨，持续创下新高。有不少投资美国股市的基金也取得了非常丰厚的回报。典型的代表有标普 500 和纳斯达克 100 这两个美股指数。再如，近些年国内有不少非常有发展潜力的中国企业到美股或者港股上市。通过 QDII 基金，我们也可以投资这些公司。像交银中证海外互联网指数基金的重仓股票就有腾讯控股、阿里巴巴、百度、网易等。这几只基金我都有买，也都给我带来很好的回报。

我本人除了投股票型基金以外，还投资私募基金。私募基金对投资人有明确的要求：单个投资人购买私募基金的最低金额必须不少于 100 万元，并且不能拆分。

私募资金具有高风险高收益的特征。我在 2014 年底投资了 100 万元，赚取了 410 万元的利润。但是在 2015 年牛市高峰投资的 150 万元，亏损了 70 万元。2016 年初又投资了 100 万元，放进去整整四年，如今还亏损 10%。

如何去挑选私募基金不是一个简单的事情，他需要对市场有一定的认知，对管理人持续地跟踪和研究，能形成一套有效筛选方法论才能较好地挑出满足自己投资需求的私募基金。

我还是比较认可各大平台的业绩排名的，那是投资者评判一只私募产品好坏的首要标准。比较衡量各类、各时期“冠军”排行榜，上半年的、第一季度的、甚至整一年的，或者股票权益类的、固定收益类、期货类等的收益冠军，是判断这只基金好坏的首选。

其次私募基金的历史业绩也非常重要。再好的理论基础和投资理念，没有实战都是纸上谈兵。我们都知道，历史不能完全代表未来，我们投资是做未来的事情，那为什么还要看历史业绩呢？其实更多的是看这个管理人在过往市场中所发生过的各种市场风险事件的应对能力。简单地说就是去验证管理人的风控能力。从这个角度来看，如果管理人有更长的可追溯历史业绩，所经历过的市场风险越多，我们可以去验证管理人风控能力的数据样本就越多，判断也会越接近事实。

私募规模越大，业绩往往越一般。对于投资者而言，要谨慎选择规模过大的私募基金，基金经理在私募小规模时能够出业绩，但当规模扩大时却往往表现不佳，毕竟规模的扩大并不是持仓结构简单的同比例扩大。所以投资者在选择私募基金时一定要注意将私募规模作为一个参考指标。

不管是哪种基金投资，心态最重要。在市场行情低迷时开始基金定投，实际上就是在趁机一点点积累便宜的筹码。记住任何的投资其实就是低买高卖而已。

股票那些事儿

楼市、股市，似乎已经到了重要的分水岭了，2019年谈这个问题，很多人还觉得难以看清。股市只是一直缺少一把火，一把赚钱效应的火，一旦赚钱效应的火点燃了，越来越多的资金便会流入。2019年，一些优秀的公募产品纷纷被抢购，一些优秀的私募基金经理受到追捧，其实，已经是星星之火的苗头了。未来，资金可能会不断流入股市。

未来十年，家庭资产配置往股票上做配置也许是一种发展趋势。让我现在做选择，配置房子还是股票，我会把1/4的钱投资股票，投资优秀企业的未来。

经过这次疫情，我们可以看到，中小微企业是那么的脆弱，很多企业停工一两个月就扛不住了。相反，对优秀的大企业而言，那不过就是一次压力测试，测试结束，继续向前奔跑，甚至由于一些中小竞争对手的退出，市场份额变得更大，业绩更优。我相信，未来十年，因为中国市场足够大，优秀的企业，会变得更加优秀。

我个人很反对全职做股票投资。因为当你有一份工作的时候，每个月的工资会给你提供源源不断的现金流。这样你再去做投资就不容易慌，即使发生最坏的情况还有工资可以维持生计。当然投资的钱必须是闲钱，更不能加杠杆。

如果不投资股票市场，我们还能投资什么？

（1）钱存银行、被通货膨胀吃掉，钱会贬值，绝对的安全也就意味收益低。

（2）余额宝类货币基金、买黄金，比银行好点，还是跑不过通胀。

（3）债券基金，勉强能跑赢通胀。

（4）P2P，这个就不建议了，跑路太多了。

（5）民间借贷，这个是老一辈最经常用的理财手段，风险很高。

（6）原油、期货、比特币、外汇、邮币卡，极高风险，建议不要碰。

绕了一圈，你会发现要么跑不赢通货膨胀，要么是极高的风险。股票投资作为理财手段，虽然波动很大，风险也比较高，但是我们依然要把它作为投资手段的一种。可能未来几十年，真的只有优质公司的股权才能让普通人的资产保值、增值。只不过自己一定要迈过对市场认知的这道门槛，否则还是会陷入股价波动的追涨杀跌中迅速亏损。

我认为适合普通散户的投资方法还是标的基本面优秀，估值不贵的公司股票。

什么叫基本面优秀的个股呢？我个人认为，应有以下几个特征：一是营业收入和净利润稳健增长；二是 ROE（净资产收益率）持续稳定，净资产收益率越高，说明股东资本的投资回报越高；三是现金流好，一般情况下，每股净现值超过 1。四是具有一定的行业地位，一般来说是行业前三。比如，我们教育领域要投资就只投资新东方，好未来，还有现在的明星公司跟谁学，他们都是非常好的标的。

在技法上，我学会了看 MACD 线，懂得了金叉进、死叉出的道理。学会了看 VOL 量能，懂得了只有大量资金流入的股票才是可以关注的。运用均线突破战法，即五日线穿过十日，二十日线，三条均线粘连，五日线向上，买进。涨停板后劲法，看哪只股票涨停后回撤不超过百分之二，且突破多条均线即入。吞阴大法，最后的日线吃掉前面的阴线，买进。

2015 年 5 月，我以为这是这辈子遇上的最后一波超级牛市，十年前轰轰烈烈的房地产市场导致社会财富的重新分配我没能抓住，这波金融游戏导致的财富分配，我应该能分到一杯羹吧？ 2015 年那是我第一次开股票账户，兴高采烈地冲进了股票市场。拥抱这波牛市，我当时认为一定会超过 6 124 点，站到一万点的高峰。这么想时，我把我所有的现金一共 1 000 万元全部买入。我把 500 万元交给基金经理操作，另外 500 万元我整天研究数据，没日没夜地看股票行情。一开始确实赚了 60 万元，我觉得找到了躺着也能赚钱的方法了，我做梦都笑醒了。

一个月后股市开始大幅下跌，我总想着再等等，很快会回升，现在牛市，指数才 4 500 点。接下来几个月，股指继续大幅下跌，飞流直下三千尺。我在亏损 10% 的时候没有割肉，亏损 20% 的时候又没有割，后来亏损越多我又舍不得割。直到 500 万元的本金只剩下 300 万元，而我当时投资又急需用钱，所以只好忍痛清空。

2018 年我好了伤口忘了疤，又继续投资股市。这次我不看技术了，就听那些微博上的股神推荐就买了暴风科技。然后就一只暴风科技，我就亏了 60 万元，加上其他股票的亏损一共又亏了 110 万元。

在我股票投资亏损了 300 多万元以后我曾经把所有的股票软件都删了，发誓再也不碰股票。但是随着国家对楼市的调控，并在 2015 年这波牛市以后已经熊市了 5 年，我认为今后的三年会再出现一波牛市。于是我重新下载了股票软件，随时关注股票动态。

没有自己的投资体系，一定要慎重，做到自己不被骗。很多人还靠推荐大牛股为生。你只要开了股票账户，就经常有很多人给你打电话，说她“×××券商客服”，给老股民福利推荐大牛股。这种骗局很好识破，只是很多人被一夜暴富冲昏了头脑。证监会是明令禁止荐股的，券商更加不可能做这个事，所以接到这类电话 100% 就是骗子了。微博上、微信上所有的荐股大咖都不要去相信，他真正能够发财，需要在微博上微信上去荐股吗？甚至都不要相信那些很著名的经济学家，我就曾经听信了著名经济学家的市场分析报告买了股票依然亏损。

如果你有了自己的投资体系，应该慢慢悟道了。当你学会对企业基本面分析、估值，有自己的独立看法，并且学会利用人性的贪婪和恐惧赚钱，那会给你的投资锦上添花。其实大家看看那些笑傲股市的成功投资大师，他们在几十年的投资生涯中一般只用一两套交易系统，巴菲特、菲利普•费雪、彼得•林奇等都是如此，然后几十年如一日地严格按照交易系统进行操作。

当然，如果你能找到一家准上市公司，在它上市之前能够拿到他们公司的原始股，那么你就是人生的大赢家。如今上海 A 股公司的市盈率平均是 15 倍，深圳 A 股公司的市盈率平均是 39 倍。雅歌曾经投资一家准上市公司，2020 年一定能在主板上市。到时候给雅歌的回报就是 15 倍。

最后再重申股票投资的几个注意事项。

（1）不要重仓持有某只股票，小散不是巴菲特，如果一旦看错，那会亏得很惨。看看暴风科技的投资者吧，很多因为重仓遇到这只黑天鹅，所有财富都化为乌有。分散持有股票能降低分线的。

（2）注意政策，在 A 股，政策对行业的影响力是十分巨大的。看看这些年的地产调控，即使房地产公司的业绩是上涨的，股价也“跌跌不休”。

（3）不要借钱炒股，你的身边是不是总有一些用高杠杆炒股而家破人亡的人呢？

（4）重视分红，一家愿意大比例分红的企业比不分红的企业要好。有高于银行利息的股息拿，这样可以夜夜安稳地睡觉。

读者意见反馈表

亲爱的读者：

感谢您对中国铁道出版社有限公司的支持，您的建议是我们不断改进工作的信息来源，您的需求是我们不断开拓创新的基础。为了更好地服务读者，出版更多的精品图书，希望您能在百忙之中抽出时间填写这份意见反馈表发给我们。随书纸制表格请在填好后剪下寄到：北京市西城区右安门西街8号中国铁道出版社有限公司综合编辑部 苏茜 收（邮编：100054）。或者采用传真（010-63549458）方式发送。此外，读者也可以直接通过电子邮件把意见反馈给我们，E-mail地址是：4278268@qq.com。我们将选出意见中肯的热心读者，赠送本社的其他图书作为奖励。同时，我们将充分考虑您的意见和建议，并尽可能地给您满意的答复。谢谢！

- -

所购书名：______________________________

个人资料：

姓名：____________性别：__________年龄：___________文化程度：__________________

职业：____________________电话：________________E-mail：______________________

通信地址：_______________________________________邮编：______________________

- -

您是如何得知本书的：

□书店宣传 □网络宣传 □展会促销 □出版社图书目录 □老师指定 □杂志、报纸等的介绍 □别人推荐 □其他（请指明）______________________________

您从何处得到本书的：

□书店 □邮购 □商场、超市等卖场 □图书销售的网站 □培训学校 □其他

影响您购买本书的因素（可多选）：

□内容实用 □价格合理 □装帧设计精美 □带多媒体教学光盘 □优惠促销 □书评广告 □出版社知名度 □作者名气 □工作、生活和学习的需要 □其他

您对本书封面设计的满意程度：

□很满意 □比较满意 □一般 □不满意 □改进建议

您对本书的总体满意程度：

从文字的角度 □很满意 □比较满意 □一般 □不满意

从技术的角度 □很满意 □比较满意 □一般 □不满意

您希望书中图的比例是多少：

□少量的图片辅以大量的文字 □图文比例相当 □大量的图片辅以少量的文字

您希望本书的定价是多少：

本书最令您满意的是：

1.

2.

您在使用本书时遇到哪些困难：

1.

2.

您希望本书在哪些方面进行改进：

1.

2.

您需要购买哪些方面的图书？对我社现有图书有什么好的建议？

您更喜欢阅读哪些类型和层次的计算机书籍（可多选）？

□入门类 □精通类 □综合类 □问答类 □图解类 □查询手册类 □实例教程类

您在学习计算机的过程中有什么困难？

您的其他要求：